JN171817

売れるボディコピー

編集者の視点で磨く説得術

はじめに

たくさんの書籍の中から、この本を手に取っていただきありがとうございます（まだ買うと決めたわけではないかもしれませんけど）。

本書はどんな人に向けて書いたものか？

今まさに広告作りの最前線でバリバリとコピーワークに励むクリエイターや、通販媒体を運営する企業のビジネスパーソン。あるいは小さなネットショップを商う個人オーナー。また、これから広告の世界へ飛び込もうとしている若者……。たしかに、そうした人にはドンピシャでしょう。でも、広告や販売に携わっている人ばかりでなく、日本語の文章を書く人なら誰にでも読んでもらいたいし、お役に立てるように書いたつもりです。

どう役立つのか？　本書は、広告コピー以外にも、ビジネスでやり取りされる企画書やレポート、上司へのメール、ブログ、さらにはラブレターまで、さまざまな文章の「説得力」を高めるための技術本です。そういう文章なら誰でも一つくらい書く機会がありますよね。

僕がふだん書いている直販コピー（レスポンスコピー）は、一行の短いキャッチフレーズではなく、少し長めの文章（ボディコピー）で、「この商品を買ってください！」とお願いをするものです。ブランド広告のイメージコピーなどとは違う、いわば店員さんのおしゃべりのようなものです。最終的には相手にお金を払ってもらおうというのですから、そこには「説得」が必要です。

著名人に「CMに出てください」とお願いする依頼状などもよく書きます。これも「説得」です。内容によって、出てくれるか？　断られるか？　相手の返事が変わってきます。相手が超のつく有名人だったり、極端に予算が少なかったり……。訳ありのときほど、文章は長くなり、ほとんど手紙のようになります。

何をどのように伝えれば、読む相手が「よし、買おう！」とか、「うん、わかった！」

と思ってくれるのか？　そこにはちょっとしたコツがあります。つまり**本書は、「誰かに何かをお願いする文章」の書き方がうまくなる本**と言い換えてもいいかもしれません。**説得の成功率を高める文章、それが「売れるボディコピー」**です。

本書タイトルの意味が、相手の承諾を得るための「説得」であることはわかっていただけたと思います。

では、売れるボディコピーと売れないボディコピーの差は何でしょう？　売れるコピーにはあって、売れないコピーにはないもの。それは**読み手の脳ミソに「刺激」を与えられるか否か**だと思います。広告業界で刺激というと、すぐ「インパクト」と解釈されそうですが、それとは違う。与えるショックの強さではなく、質といえばいいのでしょうか。どんな刺激が「上質」なのか？　それが本書のテーマその1です。

もう一つ、テーマその2があります。ここで一度、目次にサッと目を通してみてください——

目次

――本書は後半、インターネットの話にも触れていきます。ネットの話だと、ついカタカナが増えますが僕はどちらかというとアナログ人間です。その僕にある日、とてもデジタルな友人から1通のメールが届く。これをきっかけに、コンテンツマーケティングの話をしなくてはならなくなったのです。そして、このことが意外な展開を見せる。**キーワードは「編集」**。これが本書のテーマ2です。

（あなた、まだ立ち読み中ですね。わかりました。もう少しであなたを「説得」してみせましょう――）

僕は今、宣伝会議で「**コピーライター養成講座　～ボディコピー特訓コース～**」という講座を受け持っています。毎回、ある仮想商品の資料を提示して受講生の皆さんに400字詰めのコピーを書いてもらいます。後日、僕の添削と少しの講義を受けたあとで、自らが書いたコピーをリライト（書き直し）してもらうのですが、なんと今回、受講生の皆さんのご協力により、その**添削前とリライト後の原稿を掲載することができました**。これはとても貴重な資料です。

その授業で僕がいつも思うのは、それまで広告コピーなど書いたこともない初心者ほど、リライト後のコピーの出来がいいということ。頭をリセットして、一から素直に書けばボディコピーは誰でもうまくなれるんだな…、と。

Ｅコマースサイトやカタログ、ダイレクトメール（ＤＭ）、新聞広告、折込みチラシなど、これからますます通信による「売り場」は増えていくのに、長尺のボディコピーを書ける人材は不足している。今は広告ではない媒体で筆をふるっている方や、その卵たち。まだ進路を決めていない学生さんたちのリクルートの手引きとして、本書が機能すれば嬉しいなと思うのです。

それでは、今度こそ本編の始まりです。

本書は、１時限目から25時限目まで、授業を受けるように進む構成です。一気に最後まで読み進めるより、一コマ読んだら少し考えながら…、のほうが理解が深まると思います。

（じゃ、そろそろレジへ——）

第1章

今、なぜボディコピーが求められるのか？

【1時限目】広告のコトバが、どんどん弱くなっている

コピーライターの仕事というと、テレビCMやポスターのキャッチフレーズなどを連想する人が多いと思いますが、ネット通販やカタログの商品コピーも、書いているのはコピーライターです。同じコピーライターの仕事でも、前者は一行の短いフレーズ、後者は本文をメインとする長い文章。制作の過程はまったく別物のようにも思えますが、実はそんなこともないのです。

そもそもコピーライターという仕事を有名にしたのは糸井重里さんだと思いますが、その糸井さんは、以前に取材でお会いしたときにこうおっしゃっていました。「一本の短いコピーをクライアントに受け入れてもらうために分厚い企画書を作ったり、相手を説得するために勉強したりと膨大なエネルギーと時間がいる。報酬のほとんどはそっちにかかるほどで、作業自体はとても地道。キャッチフレーズはトイレでハッとひらめく！という人がいるけれど僕には信じられない」

つまり、糸井さんが最終的な作品として出力する**一行のキャッチフレーズ＝「商品」には、それを売り込むための膨大な「ボディコピー」がセットされていた**ということですね。

通販コピーは、このボディコピーこそが主役です。短いタイトルコピーだけでは商品を買ってもらえませんから、本文で詳しく説明して読み手（消費者）を口説く。通販コピーの本質は「説得」です。相手を信用させて、なるほど！と共感させる。そして最後には商品を買ってもらう。そのために何を言えばいいのか？　どう書けばいいのか？

たとえば、ここにコンビニで買ってきたボックスティッシュがあります。その箱の裏に書かれていたコピーがこれ（図１－①）。

――暮らしにグレードを求める皆様の最高級ティッシュです。厳選した純粋パルプを独自の技術で磨きあげ、最高レベルの肌ざわりを実現しました。デリケートなお肌を持つ女性や本物を愛する皆様にお使いいただきたいティッシュです。優しい肌ざわりのティッシュ。肌に触れた感触がちがいます。

(図1－①)

ボックスティッシュのコピー

暮らしにグレードを求める皆様の最高級ティッシュです。厳選した純粋パルプを独自の技術で磨きあげ、最高レベルの肌ざわりを実現しました。デリケートなお肌を持つ女性や本物を愛する皆様にお使いいただきたいティッシュです。優しい肌ざわりのティッシュ。肌に触れた感触がちがいます。

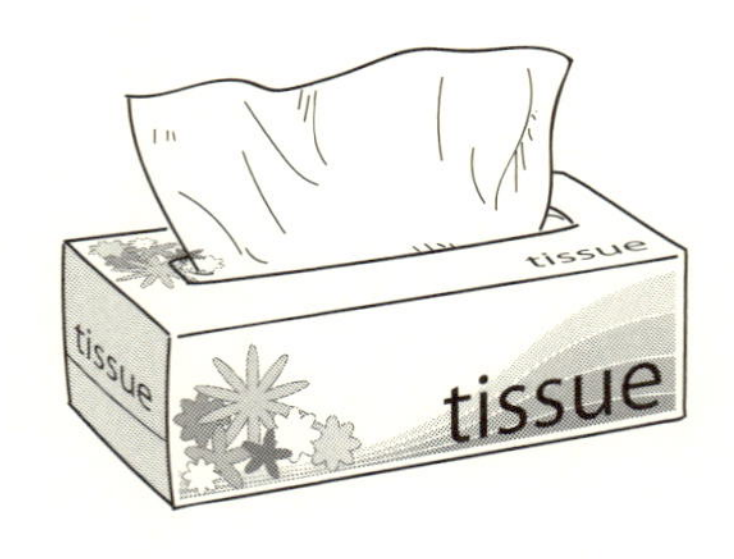

どうでしょう、あなたはこのコピーに「説得」されるでしょうか？ たとえティッシュの品質がこのコピーのとおりだとしても、文字どおりに信じるとは思えませんよね。これは通販コピーではありませんが、いわゆる「広告人」が書くコピーの典型で、似たような文章をネット通販やカタログでもよく見かけます。

広告人は、商品を見ると、ついホメようとします。ホメるのが当たり前、ホメれば売れる、ホメないと不安、という風に発想が慢性化しています。一方の消費者たちといえば、広告だからある程度のマユツバは仕方ないと割り切っていて、そもそも書いてあることの半分は信用していない。そのくらい、広告の送り手と受け手のコミュニケーションには大きなギャップがあるのです。

そのギャップを埋めるために、いい方法があります。

僕は通販の商品コピーを書くとき、コピーライターではなくルポライターになったつもりで仕事を進めます。 すると、何が変わるか？ コピーライターとルポライターの立場の違いを比べてみましょう（図1－②）。

コピーライターとルポライターの違い　（図1ー②）

ルポライターは、「事実」を追いかける
コピーライターは、「演出」を追いかける

◎印象深いフレーズを探したいのは両者とも同じです。でも、コピーライターは言葉のレトリックでまやかそうとする。ルポライターは、読者を驚かせようとするなら、そういう「事実」を探しに出かける。

ルポライターは、自身の「取材」で情報を集める
コピーライターは、他人の「資料」をあてにする

◎ルポライターは自身のルートで情報を集める。それを裏づける補足取材も自分の力や人脈で。コピーライターの情報はメーカーパンフレットなど、「身内」から与えられる資料がほとんど。

ルポライターは、商品のデメリットも「書く」
コピーライターは、商品のデメリットを「書きたくない」

◎僕が買った「iPad用Wアダプター充電器」。よく見るとパッケージの裏側に小さな文字で、「iPad充電時はもう一つのアダプターは使えない」との表記あり。iPhone×２とかiPhone×iPodならいいんだって。それはないでしょ。

ルポライターは、「読者」を説得する
コピーライターは、「クライアント」を説得する

◎ルポルタージュ作品の論証が浅はかだと著者本人がバカにされる。本も売れない。でもコピーライターは発注主のYESさえもらえれば、自身に責任がふりかかってくることはない。

少しイジワルな書き方かもしれませんが、まぁ、だいたいこんな感じではないでしょうか。コピーライターは、つい自分の書くカワイイ商品のことを印象よく伝えようと、無意識のうちに文章を「操作」してしまおうとする（図１－③）。読み手に嫌われたくないから「お客様へ日頃の感謝を込めて」なんて本当は思ってないことまで書く。その広告屋的な発想を少し「ルポ的」に変えてみると、何のために、誰に向けて書くのかがはっきりとしてきます。すると、売る側として何を伝えたいかより、読む側が知りたいことは何だろう？と考えるようになるのです。

今日の消費者を説得するには、客観的な事実の積み重ねが必要です。なのにコピーライターたちは、コトバを巧みに操ることで読み手を丸め込もうとする癖が直らず、広告的な慣用句を多用するあまり、いつしか

広告的な慣用句　　（図1－③）

あなたの元気で楽しい毎日のために～

お客様へ日頃の感謝を込めて～

この夏、心も涼やかに～

安心、安全で快適な暮らしを～

ワンランク上の都会派生活～　…など

自らのコトバが信用されていないことにも気づかないほど感覚が麻痺してしまったのです。広告が失った「信頼」を勝ち取るために、特に商品を伝えるコピーライターは、広告人としての衣をいったん脱ぎ捨てて、「本気で伝える文章」を書いてみることをおすすめします。きっと糸井さんも企画書を綴るときは「広告人」とは別の人格で書いていたのではないでしょうか。

ちなみに、書き方を「ルポ的」にシフトすると、机上での執筆時間が短くなると思います。コトバを駆使してあれこれ文章をひねくり出すような作業より、実際に商品の現物をいじったり、競合品の調査（それほど大げさではありませんが……）に量販店へ出かけたりする時間が増えるからです。もともと僕はコピーを書くときに、メーカーのパンフレットをあてにしません。一応目を通しますが、根拠の薄い自画自賛が多いのであまり信用できないんですね。気になることはメーカーに直接電話で聞くか訪問したりして確かめます。そうやって商品の性能や使い勝手に対する疑問を一つずつつぶしていく。読者を説得するには、まず自分自身が納得できなければダメだ！　そのためにはネタを足で稼がねば……。ますますルポライターみたいですね。

こうして自信作の完成。「よし、これなら自分でも納得できるぞ！」と感じられるコピーができたら、ぜひ第三者にも読んでもらいましょう。「うん、よく細かく調べて書いてあるね。これなら信用できるよ！」。そして続けてこう言われるかもしれません。「でもさぁ、この文章、ぜんぜん面白くないよね!!!」

読み手を笑わそうとして書いているわけではないから仕方ありませんが、正しいだけの「つまらない文章」に人は決して動かされません。最終的には商品を買ってもらうのが目的なのに。さて、どうしましょう？

【2時限目】商品コピーは一発勝負。読者を本気にさせろ！

まずは1時限目で、通販コピーの本質は「説得する文章」であること、そして、それを書くには、コピーライターとしての発想ではなく、ルポライターになったつもりで原稿を書き進めるのが有効だという話をしました。ルポという客観的な事実を積み上げる手法によって「どうせ広告は手前ミソばかり！」という消費者の固定観念を消す。そうやって読者を「本気」にさせるためです。

しかし、ルポルタージュ風にコピーを書き進めていくと壁にぶつかる場合があります。それは文章全体が単調になったり、理屈っぽくなったりして、結果、「退屈な文章」になってしまうことです。つまらなければ途中で読むのをやめる。これは通販コピーにとって致命的です。商品を購入してもらう（＝説得する）には、ともかくコピーを最後まで読んでもらわなければ話になりません。**直販コピー（レスポンスコピー）は「一発勝負」です。一度逃げて行った読者（＝顧客）は二度と戻ってきません。**

「ルポ風」のコピーを退屈させないように書くにはどうしたらよいでしょう？

ルポルタージュと聞くと、どうしても事実報道一辺倒のようなイメージですが、ウィキペディアの「ルポルタージュ」の項目を見てみるとこのようにあります。

1. 取材記者、ジャーナリスト等が、自ら現地に赴いて取材した内容を放送・新聞・雑誌などの各種メディアでニュースとして報告すること。略してルポともいう。現地報告。

2. 事件や社会問題などを題材に、綿密な取材を通して事実を客観的に叙述する文学の一ジャンル。報告文学や記録文学とも呼ばれる。ルポルタージュを執筆する者は、ルポライターと呼ばれる。

出典：ウィキペディア日本語版「ルポルタージュ」より。アクセス日付2017年11月1日

1.が純粋に事実を「報道」する意味なのに対して、2.には「文学の一ジャンル」とあります。そう、**ルポルタージュは文学**なのです。短いものから長いものまで色々ですが、著者により創られる「作品」ですから、読み物としての面白さも備わっています。

優れたルポルタージュ作品は、形式的には「客観的な叙述」ですが、実は書き手の「個」で読ませるものです。題材に対する着眼の鋭さ、検証の独創性、取材の綿密さ。読み手はそうした「固有」の要素から、書き手の思い入れの深さや熱意といったものを感じ取り、心を揺さぶられる。たとえ自身に題材そのものへの興味がそれほどなくても、読み始めればいつの間にか書き手と一緒に題材について考えさせられて、結末まで連れて行かれる。

商品コピーに応用したいのは、まさにこのイメージです。

それでは次の時限で、ルポルタージュの「題材」を「商品」に置き換えて具体的に考えてみましょう。

【3時限目】広告にルポルタージュ手法を合成させる

図1－④は、非常時に外へ持ち出す「非常時防災リュック」の商品資料です。書く順番はさておき、まず、入れるべき要素をピックアップしてみます。

- 緊急避難時に便利なリュックサック式
- 家族3人が2日間過ごせるサバイバルセット
- リュック本体は、軽くておしゃれな特殊帆布製
- 女性にも背負いやすい重さ7kg（内容物セット時）
- 食品の残存賞味期限3年以上
- 向田プロダクツ製（限定オリジナル商品）

商品資料　　　　（図1－④）

『非常時防災リュック』

価格16,200円（本体価格15,000円）

【商品特長】

◎緊急避難時に便利なリュックサック式
◎家族３人が２日間過ごせるサバイバルセット
◎リュック本体は、軽くておしゃれな特殊帆布製
◎女性にも背負いやすい重さ７kg（内容物セット時）
◎食品の残存賞味期限３年以上
◎緊急避難時の注意点を記したマニュアル本つき
◎向田プロダクツ製（限定オリジナル商品）

【セット内容】防災アドバイザーが選んだ15種類の非常用品

●リュック本体（20ℓ）
　※配送時、内容物は別梱包でお届け。
●飲料水（１ℓ×２本）　●AM/FMラジオ付き発電ライト
●雨具（３枚）　●マスク（３枚）　●生理用ナプキン（５枚）　●絆創膏（６枚）
●軍手（２セット）　●簡易トイレ（４セット）
●保存食（白米×副菜３セット）（炊き込みご飯２種×３セット）
●フォーク＆スプーン（３セット）　●ろうそく（２本）　●ゴミ袋（３枚）
●トイレットペーパー（２個）
●ガムテープ、ホイッスル、カッター、食品用ラップ
●折り畳みバケツ（各１個）

・防災アドバイザーが選んだ15種類の非常用品

これらの要素を並べてコピーらしくしてみましょう。

たとえば、こんな感じでしょうか。

【タイトル】
備えあれば憂いなし！　女性にも手軽な
重さ7kgの非常用リュック。

【ボディコピー】

よくある緊急用リュックは「非常用」の文字が大きく描かれていたりしてデザイン性がいま一つ。そのまま玄関まわりに置いておくにはおしゃれさが足りませんでした。地震はいつ来るかわからないから常に見えるところにおいておきたいのに。そこで開発されたのが、向田プロダクツの本品です。

リュック本体の素材は難燃性の高い帆布製。デザインもナチュラルな風合いです。軽いので中身を全部つめてもたった7kg。これなら女性でも軽々背負えます。

装備品も本格派。防災アドバイザーが選んだ「避難時に必要な非常用品」15点がセットされています（家族3人2日間分の想定）。暗い室内を照らすろうそくやAM／FMラジオ付き発電ライトをはじめ、白飯やおかずなどの食品、フォークとスプーン、また簡易トイレや生理用ナプキンなど、緊急時に必要なものがそろっています。食品の賞味期限はすべて3年以上あります。

いざというときのために、ぜひお宅にも「家族の安心」を常備しておきましょう。

どうですか？　まぁ、ひとまず「商品コピー」の形にはなっていますが、さっきの資料だけを頼りに書けば、誰が書いてもこの程度の似たり寄ったりの文章になるでしょう。つまり、このレベルでは「個」のない平板なコピー。ウィキペディアの定義で言えば、1.の「現地報告ルポ」レベルの域を出ていないということです。

作品としてのルポに引き上げるためには、もっと読み手をそそる「固有」の情報を盛り込みたい。そこで、あるコピーライターは福島に飛びました。そう、東日本大震災の被災地の取材です。当時、実際に避難所暮らしを経験した人たちを訪ねたのです。

そしてコピーが完成しました（右記の太字部分のみ改稿）。

【改稿したボディコピー】

装備品も本格派。防災アドバイザーが選んだ「避難時に必要な非常用品」15点がセットされています（家族3人2日間分の想定）。中にはちょっと意外！と思う物もあります。イザというときの避難所暮らしで、どんな物がどんな風に役に立ったのか、実際に被災された方たちの話をうかがうため福島県・○△町を訪ねました。

「一本のろうそくの灯りで家族が優しくなれた」「白いご飯が食べられる幸せをしみじみ感じた」「中学生の娘が崩れ落ちそうな家に生理用品を取りに戻った」……予測のできない災害は、いきなり普通の日常を奪います。（後略）

被災「未」経験の読者が、セット内容の羅列の中に「ろうそく」「白米」の品名を見つけても何の感想も持たないでしょう。実際の様子を知り、現場のシーンを思い浮かべることで初めて、読み手は自分のこと、自分の家族のこととして考える。こうした臨場感を表すエピソードは商品資料をじっと眺めていても、なかなか浮かびません。**読み手を刺激する「ネタ」を探すために、コピーライターも「足」を使わなくてはならないということ**ですね。

【4時限目】アイドマの法則の「M」に注目してほしい

消費者が、広告を見てから購入に至るまでの心情を分析した有名な学説に「AIDMA（アイドマ）の法則」があります。そのプロセスは、Attention（注意を引かれる）から始まり⇩Interest（興味を持ち）⇩Desire（欲求が湧いて）⇩Memory（記憶して）⇩Action（購入する）というわけです。近年ではインターネットの普及によって、Search（検索）やShare（共有）を加えたAISAS（アイサス）や、店頭販売のConviction（確信）を念頭に置いたAIDCA（アイドカ）なども使われているようですが、ごく最近では「M」を省いた「AIDA（アイーダ）の法則」が主流なのだそうです（図1-⑤）。でも、それにはちょっと待った！と言いたい。一番大事なMemory（記憶）を抜いてしまうなんて。

レスポンスコピーは読み手を「説得」する文章だと言いました。そのうえで最終的な目的は、商品を買ってもらう、あるいは資料を請求してもらうなど、つまりAIDMAの最後の「Action（行動）」です。行動を起こす一歩手前の「記憶」がなぜ大事か？　それは、

消費者の商品購入までの決定プロセス　(図1−⑤)

(アイドマの法則)

Attention(注意)	A	A	A	A	
Interest(興味)	I	I	I	I	
Desire(欲求)	D	D		D	
Seach(検索)			S		……………ネット販売系
Memory(記憶)	M				………………………………印刷媒体系
Conviction(確信)				C	……店頭販売系
Action(行動)	A	A	A	A	
Share(共有)			S		……………ネット販売系

あらゆるジャンルの商品に競合品があふれているからです。

レスポンスコピーは「一発勝負」とも言いましたが、必ずしも読んだその日に買ってくれるとは限りません。先ほどの「非常用リュック」の例を思い出してください。ほとんど忘れかけていたコピーの中で、かすかにでも福島の避難所生活のエピソードだけは覚えていたとすれば、小さな地震がきたときに「やっぱり買っておこうかな」となるかもしれない。どうせ買うなら「あの広告」のリュックにしよう！となるかもしれない。福島の話が載っていたな、たしか向田プロダクツ（あっ、ボク向田と言います）っていうメーカーだったな、記憶の断片は何でもいいのですが、似たような「非常用リュック」がたくさん売られている中で、固有の情報を思い出させることができれば、「あのリュック」を想起させて探させることができるのです。もしも固有の情報がなかったら、ウェブサイトの検索窓に「非常用リュック」と打ち込まれて、ライバルメーカーのリュックのページがごまんと表示される。そうなれば、もう向田プロダクツ製は探してもらえません。みすみすお客さんを横取りされるわけです。

その広告を見た人、そのコピーを読んだ人に「記憶」を与えること。これは、その一回の販売チャンスをものにするためだけの話ではありません。

僕は自分で料理をする方ではありませんから、スーパーマーケットに行っても野菜売り場に興味はありませんが、あるとき、どっさり積まれたキャベツの横に飾られたPOPに目がいきました。Attention（注意）ですね。そこには「本日のおすすめレシピ」とあり、『キャベツの辛子マヨネーズ炒め』の作り方と写真がありました。辛子好きマヨネーズ好きの僕としては俄然、Interest（興味）が湧いて、旨そうだなぁ……Desire（欲求）と。別の売り場にいた妻のところに行って、「今晩、キャベツの辛子マヨネーズ炒めなんてどう？」というわけで、見事キャベツをAction（買う）しました。あれ？ Memory（記憶）は？ たしかにレシピは覚えましたけど、このときの「M」の効果はキャベツを買ったことではありません。後日、買い物を頼まれたときに、僕は少し離れたそのスーパーまでわざわざ出かけて行ったのです。今日はどんなＰＯＰレシピがあるのかな?と。

もしもＰＯＰのレシピが『回鍋肉（ホイコーロー）』だったらこうはならなかったでしょう。僕でも知ってるよくある料理だから。好みはあれ、そのレシピがあまり見たことのない印象深いものだったからこそ記憶に残り、それを楽しみにまたこの店に来た。どうせ行くならあのスーパーにしようか、と。オリジナリティーのある固有（それほど大げさな例じゃありませんけど）のレシピに惹かれて、僕はそのスーパーのファンになったのです。今では野菜ばかりでなく、トイレットペーパーも文房具もその店で買う常連客です。

レスポンス広告は、いわば一つの「売り場」です。どこで買っても大差のないものこそ、「どうせ買うなら、あの店で買おう!」と思わせる。「記憶」の効能をあなどってはいけません。ちなみにそのＰＯＰレシピのアイデアは、バックヤードで働くパートさんたちが手分けして週替わりで持ち寄るのだそうです。コピーの中に盛り込む小さな気づき（記憶）情報が、競合品ではなく自店の商品を探させる。そして顧客（リスト）を囲い込むことにつながるのです。

【5時限目】一読で理解させる「知情一致」のテクニック

2時限目の項で、直販コピー（レスポンスコピー）は一発勝負だと言いました。ですから最後まで読んでもらうことがとても大事です。しかし、そこで陥りがちなのが、コピーが長くならないようにと気をつけすぎてしまうことです。もちろんムダな言葉やフレーズを削ったりの作業はしますが、項目をまんべんなく伝えようとするあまり、商品の「説明」的フレーズばかり並べてしまい、メリハリのないコピーになるケースをよく見かけます。

次の一文は、コピーライターの歴史的バイブルといわれる、ハル・ステビンズの著作『コピー・カプセル』からの引用です。一般コピーのタイトル（ヘッドライン）とサブタイトル(サブヘッド）の役割について触れた文章ですが、「説得」を目的とする通販コピーにこそ大切なポイントが書かれています。

ヘッドは感情に訴えなければいけない。人びとの生きている所——感情の中心に訴えなければいけない。サブヘッドは知性に対する即座のアッパーカットでなければならない。サブヘッドは製品と読者の生活を結びつけ、製品を買うことの合理性を説明しなければならない。

出典：『コピー・カプセル』ハル・ステビンズ著、小正幸造／坂本登訳、誠文堂新光社

少し意訳すると、ヒトは「知性」と「感情」の2つの回路で物事を判断する。モノを買わせる＝相手を倒す！には、両方向からの攻撃（説得）が必要だ！ということです。たとえば、「やかんが沸騰している」という文章を読めば、当然、中のお湯が熱いことは理屈的には誰でもわかる。でも、実際にやかんにさわって「熱っ！」と身体で感じれば、もっとよくわかるという感じでしょうか。ちょっとわかりづらいですか。具体的な商品をあてはめて説明しましょう。

たとえば「掃除機」。

本機の吸引力は1000ワットの強力パワー。

排気も高性能集塵フィルターつきで安心です。

最初の1行で「吸引力」、2行目で「排気」のことを説明しています。これは両方とも読み手の「知性」への訴求です。難しいことが書いてあるわけではないので読めば理解はできる。しかし読者によって実際には、1000ワットと言われてもその凄さがピンときていない。高性能のフィルターと言われても、それが自分にとってどんなメリットを及ぼしてくれるのかがわかり切っていない。

ここに「感情」への訴求を加えてみましょう。1行目には「**500円硬貨を軽々吸い込みます**」と続ける。2行目には「**お子さんのいるご家庭にも**」をつなげてみる。すると、こうなります。

本機の吸引力は1000ワットの強力パワー（**知**）。500円硬貨を軽々吸い込みます（**情**）。
排気は高性能集塵フィルターつきですから（**知**）、これならお子さんのいるご家庭にも安心ですね（**情**）。

吸引力と排気性能の要素をそれぞれ、「知」の理解と「情」の理解が同時に感じられるように攻めてみました。これでようやく読者は、この掃除機が自分にとってどんな「ベネフィット（購入者の利益）」を与えてくれるのかに気づくのです。文章は長くなりますが、2つの機能はこの商品にとって大事な要素ですから、しっかりと認識してもらうためには仕方がない。ところがコピーをコンパクトにまとめようとして、それぞれセンテンスの前半の「知」の説明だけを連ねるコピーが多いのです。

加えて大切なのが、「一つのコピーの中で、同じ事柄についての情報は散らばせない」ことです。たとえば、コピーの冒頭で「吸引パワーが強力」と書いて、中ほどで「500円玉を吸い込みます」と書いて、後半で「吸い込み仕事率◎%です」などとダメ押しする。これはダメです。情報が分散してしまい、結局、吸引力の強さが伝え切れないことになります。「吸引力」を言い始めたら関係する情報は全部いっぺんに吐き出して、読み手にわからせ切ってから次のトピックに進む。どんなに長くなってもいいから、書くならつなげる。そのうえで長すぎるなら、頑張って削ってください。

もう一つ、商品を「デジタルカメラ」で考えてみましょう。「最大50枚／秒の高速連写が可能！」とか「1000fpsハイスピード機能でスロー再生ができる」といった機能説明は、いくら並べても購入の決め手にはなりません（そうしたスペック要素で購入を決める人は専門店やネットで探すでしょうから、そもそもコピーの良し悪しは関係ない）。一般の人にとっては。高性能はわかったけど、どんなときに便利なのか？　そもそも自分に必要か？　似たような機能を持つ商品でもっと安いのがあるんじゃないか？などと、さまざまな疑問や不安を抱きます。それらを一つ一つ取り払うのが、「情」のコピーの役割です。「子供の運動会もこれで失敗がなくなるよ！」とか、「これ一台でゴルフスイングのセルフチェックもできるよ！」。あるいは、「この機能つきでこの価格はなかなか見つからないよ！」と安心させていく。そして買う側の「迷い」が消えたとき、最終的な「よし、買おう！」が近づいてくるのです。

商品のメリットを、知と情のセットで書いていくとコピーは長くなりがちですが、長いこと自体にはさほど恐れなくていい。読み手に「へェ～」や「ナルホド！」の刺激を与える！　それができているうちは、ちゃんとつきあってくれますから。途中で離脱されてしまうのは読み手に「退屈」を感じさせたときです。特に、今回例に挙げた家電や光学機器系の商品の「知」の情報（数値やカタカナやアルファベットばかり）が連なったボディコピーなんて……、読む前からウンザリでしょ。

【6時限目】あなたは本当にコピーライターなのか？

ここまで読んでくださった読者の中には、「これを書いてる人、本当にコピーライターなんだろうか？」と疑っている人がいるのではないでしょうか。

「広告のコトバは読んでもらえない」とか、「ルポルタージュ風に書け」とか、「個のない文章はダメだ」とか、コピーライティングというより雑誌記事の書き方みたいだよねと、書いている僕自身、そう思います。

たしかに僕がかつて勤めていた会社は、通販会社なのに出版社のような社風で、発行しているカタログも有料で、タテ組、記事つきの「雑誌」形式。仕事の内容はかなり雑誌の編集に近いものだったのかもしれません。所属も長いこと「編集部」でしたし。実際、カタログを作るときにお手本となっていたのが、出版社から発行されている数々の一般雑誌でした。

一般の雑誌は、新製品の情報がカタログよりよっぽど早く載っていますし、その見せ方も一つの商品について数ページにわたって特集を組んだり、逆に複数の商品をくくって「企画」を立てたり。タイトルの切り口とか本文の書き方、メイン写真・サブカットの撮り方、その道に詳しい著名人は誰か？など、商品を「魅せる」手練手管をたくさん学ばせてもらいました。

しかし、僕たち「カタログ」の誌面は読んでもらうだけではダメで、載っている商品を買ってもらわなければなりません。タイトルを決めるにも、「面白いけど、それじゃ売れない！」が編集会議の合い言葉のようでした。

しかも、商品写真の色味が現物と違えばクレームの原因になるし、表現には景品表示法や薬機法などといった法令上の制限がつきまとうこともあります。結果、「売れる誌面」を目指しつつ、やる仕事といえば、性能を裏付けるデータをとるために部屋にこもってモニター実験をしたり、地方の読者宅へ赴いて商品の使い心地を取材したりの日々。地味な作業ですが、こうした「検証データ」や「使用者コメント」が、確実に「売り」につながることも知っています。

僕は、通販会社に入社する以前、（通販ではない）編集プロダクションに勤めていて、その経験からすると、どちらの編集部も仕事の内容はとても似ている。しかしながら製品を「読ませる」雑誌と、商品を「買わせる」通販カタログとでは、肝の入れどころがだいぶ違う……。似ているけど両者の編集はやっぱり別物だな、というのが正直な感想です。

そして今、実感するのが「これからの媒体にはどっちも必要だ！」です。それぞれの「いいとこ取り」をすることが求められている。すでにネットを含めてメディアが多様化したことで、ビジネスの現場では広告物と編集物の垣根がどんどん低くなっています。いつの間にか雑誌編集者が商品の直販コピーを書いていたり、コピーライターが新製品の情報サイトを運営したりというケースが珍しくありません。

つまり、「読ませる」と「買わせる」を両立させたいメディアがある一方で、クリエイターのスキルはどちらか一方へ極端に偏っている場合が多い。通販出身のコピーライターには「読ませる」ネタの引き出しが足りないとか、逆に、編集畑のライターには「買わせる」ポイントがいまひとつわかっていないといった〝片翼飛行〟のような感じなのです。

通販企業の多くがコピーライティングやデザインを外部のプロダクションに任せてしまうので、販売と制作の両面の技術を総合的に身につけるのが難しいという背景もあり、ならば、クリエイターが個人単位でスキルアップするマニュアル本を！と思い立ったのが本書を出版する動機の一つなのです。

本書を読んでくださっている方の中には、メディア（広告、出版、新聞、ネット、テレビ、ラジオ、通販など）の業界関係者が多くいらっしゃると思いますので、この機会にぜひ、異業種クリエイター間での「発想のシェア」や「スキルの合成」が進むような環境が増えるよう、お隣の業界に働きかけをしていただけたらありがたいなぁ、と思います。

表1－⑥は、これまでの広告畑も編集畑も関係なく、今後、印刷物やウェブの「メディアで商品を売る」ために、その情報を作るために必要なス

広告＋編集のスキル　（表1－⑥）

1	取材力	対象にかかわらずソツなく取材できる
2	企画力	オリジナリティーのある企画アイデアが出せる
3	タイトル力	「読んでみよう」と思わせるタイトルとリードが書ける
4	本文力	論理矛盾のないベーシックな文章が書ける
5	ビジュアル力	ラフスケッチにビジュアルの工夫ができる
6	演出力	企画を面白く読ませるための構成づくり、人選、仕掛けができる
7	情報力	人脈、ネタの引き出しを持っている
8	交渉力	企画に登場してもらうために相手を口説くことができる
9	スピード力	アポどり、執筆、入稿までの総合的な出力
10	独断力	取材が難航した場合などの路線変更や対処ができる

キルを挙げてみたものです。一人ですべてのスキルを備えている人はなかなかいないと思いますが（僕も半分くらいかな？）、ひとまず自己チェックしてみませんか？

コラム1　「全日本ＤＭ大賞」の審査を終えて感じたこと

毎年、日本郵便さんが主催して行われる「全日本ＤＭ大賞」というアワードがあります。数年前、僕が初めて審査員をつとめさせていただいたときの感想を少々。

会場をひと回りすると、さすがは最終審査に残った作品はどれもクオリティが高く、自分が顧客として受け取るＤＭなど、ふだん目にするものとは明らかに一線を画しているなと感じました。

特に感心したのは、「ビジュアル」の面です。超大判や立体による仕上げ、デザインのレベルの高さには驚かされました。時代を反映させムービー作品も多く出展され、その映像の凝り方に、これで採算が取れるんだろうか？と思わせるものもありました。

しかし、一方で「コピー」には目新しい表現が見受けられず少し寂しい気がしました。やはりDMは開封率が命！とばかり、見た目のインパクトや開封時のギミックに趣向を凝らしたものが多く、言葉の力によって開けさせる、惹きつけるといった気概が感じられなかった。それから、もう一つ気になったのは、レター（挨拶状）のないものが多かったこと。DMといえば昔から、封筒・レター・ブローシャー（パンフレット）が「三種の神器」として語られてきましたが、まぁ、レターが必ずしもペラ（一枚物）の形でないとしても、封筒の一部に書かれていたり、2信、3信ならどこかに短めの文章が入っていれば、それでいいと思います。しかし、挨拶めいた言葉が「まったくなし」のままにセールスのコピーを読ませるようでは、それはいかがなものかと……。もちろん、受け手はDMに差出人の挨拶など求めてはいませんが、そこはやはり、相手に対して好印象を持ってもらうためのアプローチを心がけたほうが「得」だと思います。

本書の2時限目でも触れましたが、今、消費者の買い物に対する心理が少しずつ変化しています。たとえば、自分にとって価値があると思えば、多少高いお金を払っても買うとか、どうせなら長く愛着の持てる物を選ぼうとか、安易に安物買いする人が少なくなったと思います。

むしろ個人的な趣味の道具には今まで以上にお金をかけるし、旅行や外食といったプチ贅沢も増えています。習いごとなど自分への投資にも積極的です。消費者たちは自分に何が必要で、何がムダなのかを、よく「考えて」買い物をするようになりました。みんなが好きな物に飛びつくのではなく、自分の好きな物をちゃんと選びます。それと同様に「自分の好きな店」にもこだわり始めました。「どの品を買うか?」の前に、「どの店で買うか?」を考えるのです。

デパート業界では、各社こぞって近年縮小していた「個人外商客」へのアプローチに躍起だそうです。いわゆる「お得意さん」ですね。腕時計、宝飾品、美術品などの高額品消費が活発で、前年比2~3割の伸びを見せているとのこと。外商担当の営業マンたちは、昔ながらのひいき客に対して、ただ商品を売り込むだけではありません。企業の代表として、上客をヨソの店に奪われまいと体を張って守るのです。時には笑顔でご機嫌を伺いながら、時には情熱的に企業の取り組みを訴えかけるといった具合に、あの手この手でつなぎとめようとし、そこに心地よさを感じれば客も応える。

DMの役割も、まさにそれです。

そもそもDMは、既存顧客に対してリピートを促すために使われることが多く、いわば「常連さん」を育てるツールとも言えます。一般的に、企業や店舗の売上げの8割は全体の2割の得意客が作ると言われる（80：20の法則）のですから、屋台骨を支えてくれるお得意様たちとのやり取りに失礼があってはいけません。常連だからといって「挨拶」を省くようでは、いずれお客はその店から離れてしまうでしょう。

ある通販企業では、家電製品を購入した顧客に、季節ごとのメンテナンスについて知らせるハガキを送付しています。冬が終わると、過去数年にさかのぼって販売した顧客に対して「暖房機のしまい方」をイラスト入りで解説したり、コンセントのホコリが原因で火災になる「トラッキング現象」の話題がニュースになると、家電を購入した全顧客を対象に「配線まわりの掃除の方法」を記して注意を促します。そのハガキに、販売やリピートを促すような営業トークは一切ありません。印刷費や郵送費はまるまる経費ですから、直接「利益」を生まない施策ですが、顧客に「信頼」を与えるために、もう10年以上前から続けているとのことでした。ハガキをもらった側にすれば、そんなことまで気にしてくれているのか、と自分が大切にされていることを実感するでしょう。売りっぱなしにしないという企業姿勢も伝わります。こうした関係を続けることで、顧客は「また、この店で買う」ことを決めるのです。これからの企業は、消費者に「選ばれ」なくてはならないのです。

お客さんに、もっと「好き」になってもらうためには、企業としてどんなオファーをすれば喜んでもらえるのか？　それを考えるのもDMを作る者の仕事です。「安くしますよ！」「ポイントあげますよ！」といった月並みなサービスでは、もう振り向いてもらえません。だからといって、見た目を豪華そうに装っても「好き」にはなってもらえないでしょう。やはり、そこには企業のハートを感じさせる企画やメッセージが必要です。それさえ思いつけば、伝えるのは「言葉」です。DMを単なる販促ツールとしてだけでなく、企業の信頼を売り込む媒体として意識すれば、もっとDMに言葉（コピーやレター）が戻ってくるのではないかと思うのですが……。

第2章

「なに」を書くかはわかった!
じゃ、「どう」書くか

【7時限目】コピーを「話す」ように書いてみると…

「文章は話すように書け」とは、よく言われることです。かつて、『暮しの手帖』の創始者である故・花森安治さんも、よくおっしゃっていたそうです。

「話す」ように、といっても語尾を「~ですね」に替えればよいといった形式的なことではありません。コンビニやファストフードの店員さんたちの「マニュアル言葉」には説得力がありませんよね。印刷されたマニュアルで練習を繰り返した言葉は、もはや「話し言葉」ではないのです。

たとえばスーパーマーケットで、他のスタッフより何倍も売り上げる試食コーナーのおばちゃんを想像してください。おそらく、子供連れのお母さんと若い恋人同士には違う言葉をかけるでしょう。次にどんなお客さんが来るのかはわからないので、事前に次の台詞を準備しておくこともありません。つまりアドリブですね。同じようにコピーも、伝えたいターゲットに合わせて内容を書き分けることが大事ですし、型にはまった言葉ではなく、親しみのある語りかけで表現するほうが「伝わる力」が高まります。

文章を書こうとすると身がまえてしまう人も、友人におしゃべりするつもりで書くとスルスルと書けるという人は多いと思います。スルスルと書いた文章は、不思議と読み手にもスルスルと入っていくものです。ここまで何度も繰り返しているように、通販コピーは一読で内容を読み手に理解してもらわねばなりませんから、この「スルスル」はとても大事なことなのです。

話し言葉で書くと、どうして**スルスル読める＝スルスル理解**できるのか？　科学的な証明はできませんが、いくつかの仮説は思いつきます。

一つは、**「熟語」が減ること**です。文章では「減少する」「使用する」「放出する」と書くところも、話し言葉なら「減る」「使う」「出る（出す）」になると思います。どれも難しい言葉ではありませんが、熟語だと読み進める途中でなんとなく引っかかる感じがある。それは目から入れた単語を脳へ受け渡すときに、瞬間的な「戸惑い」が生じるからでしょう。「減る」という意味さえ伝わればいいところを「減少」と書いて、一瞬でも読み手のスルスルを遮断するのはもったいない！

それに、ベースの文章をなるべく仮名交じりにしておくと、他語に置き換えられない人名や会社名など（漢字の固まりが多い）が浮き上がって見えてくるという効果も生まれます（固有名詞はゴツっと引っかかったほうが記憶に残りやすい）。同じ理由で、「〜出来ます」などは、「〜できます」と、常にひらがな表記にしたほうがいいでしょう。些細なことのようですが、長い文章になるほど影響は大きく、漢字が多いと本文全体が黒く見えて、パッと見た瞬間に読むのがおっくうに感じます。

もう一つ、話し言葉には**オノマトペ（擬音語・擬態語など）が馴染みやすいこと**です（図2-①）。肌触りがしっとりスベスベ、ふわっとした食感、パン生地がモチモチ、毛布がふかふか、目覚めがすっきり、など数え上げたらキリがありませんが、読み手の感覚に直接訴えられるこれらの語彙は、音や動きを使えない印刷媒体には特に有効です。

たとえば、包丁のコピー。**「この△△刃の切れ味は抜群です。熟れたトマトも見事に切れます」**より、後半を**「熟れたトマトもスパッと切れます」**としたほうが前半と後半部分の文章にメリハリが効いて印象強くインプットできます。前章でも指摘したとおり、読み手を説得するには「知」と「情」の両面に訴える形が望ましく、オノマトペは映像が浮かびやすく「情」へのアプローチになります。説明的（知）な文章のあと、即座にオノマト

オノマトペ（擬音語・擬態語）　　　　　　（図2－①）

肌触りがしっとりスベスベ　　ふわっとした食感　　パン生地がモチモチ
毛布がふかふか　　さらさら　　うっとり
ポロリと　　ぬるぬる　　のろのろ…

「この△△刃の切れ味は抜群です。
熟れたトマトも見事に切れます」

↓

「この△△刃の切れ味は抜群です。
熟れたトマトもスパッと切れます」

ペ（情）で念押しする。このコンビネーションは欠かせません。

長いボディコピーを最後までスムーズに読ませつつ、一読で内容をしっかりとインプットするために、「話し言葉調」はとても重宝するのですが、気をつけなくてはならない点もあります。

書き言葉よりも親しみやすいのはいいのですが、あまりくだけた表現は馴れ馴れしいと思われて逆効果です。先ほどのオノマトペも、使いすぎればボキャブラリーの少ない軽い人だとバカにされてしまうかもしれません。人が初対面するときの第一印象と同じですね。媒体やターゲットによって、読み手との距離感を意識することも大事です。

それから、友人とのおしゃべりではあまり気にならない「ら抜き」言葉（寝られない⇩寝れない）や「い抜き」言葉（喜んでいます⇩喜んでます）などは、文字になると悪い意味で際立ちます（テレビのインタビューも字幕では直しますもんね！）。最近よく指摘される、新商品の「ほう」をご紹介、１０００円「から」お預かり、こちらがSサイズの大きさに「なり」ます、なども要注意です。

コピーで大切なことは、わかりやすくスムーズに読み進めてもらうことなので、言葉づかいの厳密な正誤に神経質にならなくてもいいと思いますが、無用に読み手を不審がらせるのは損なだけです。**世代にかかわらず誰にでも受け入れられる言葉を選ぶこと。**

「真逆」？　う～ん、ひと昔前は使っていなかったな……、今はみんな当たり前のように使っているけど、じゃ、一応「正反対」としておこう！　こんな感じです。でも、無意識に使っている自分の話し言葉が間違っていたら気をつけようがありませんから、日頃から言葉の選び方には敏感でありたいですね。

ぜひ一度、自分の「話し言葉」どおりに、コピーを書いてみることをおすすめします。読みやすさ、わかりやすさ以前に、「書きやすさ」の発見があるかもしれません。

【8時限目】心理学にコピーのヒントあり

人に何かお願いをするとき、「～してください」と言うよりも、「～してくれませんか？」と疑問形にしたほうが、その了承率は高くなる。

これは、以前に少し心理学をかじったときに学んだことですが、今でも原稿の執筆依頼や出演交渉の書類を書くときに実感しています。

どうしてと聞かれると答えは難しいのですが、一つ言えることは、「〜してくれませんか？」の疑問形には、「それともダメですか？」と続くニュアンスがあります。すると依頼を受けた側には、イエスかノーかを決める主導権は自分にあるのだ！という、ある種の優越感のような感情が生まれ、頼まれごとに対して協力的になってくれるからではないかという気がします。

これを、疑問形ではなく、言葉を丁寧にしたつもりで「〜していただけるようお願い申し上げます」にした場合、そもそも一種の慣用句なので丁寧さの特別感は伝わらないし、むしろ受け手の深層心理には、「イエスかノーかの選択肢がなく、一方的に了承を求められている」と印象づけてしまうのだと思います。

もう一つ、**質問形式でお願いするときに大切なのが「理由づけ」**です。心理学の世界に、「理由をつけた場合と、つけない場合の承諾率の違い」を調べたこんな実験結果があります（この効果を心理学者エレン・ランガーは「カチッサー効果」と名付けた。図2－②）。

「カチッサー効果」　　　　　　　　　　　　(図2－②)

1　先にコピーをとらせてくれませんか？

2　急いでいるので、
　先にコピーをとらせてくれませんか？

3　コピーをとらなければいけないので、
　先にコピーをとらせてくれませんか？

―― アメリカの心理学者　エレン・ランガーによる実験

コピー機の順番を待っている先頭の人に、コピーを5枚とらせてもらうときに、次の3通りの聞き方でお願いをした。

1　先にコピーをとらせてくれませんか？（理由なし）

2　急いでいるので先にコピーをとらせてもらえませんか？（本当の理由）

3　コピーをとらなければいけないので先にコピーをとらせてもらえませんか？（もっともらしい理由）

すると、1は60％、2は94％、3は93％の人がお願いを承諾した。

この実験が示すのは、3のような理不尽な要求の際にも、何でもいいから「～なので」と理由をつけたほうが相手に承諾してもらいやすいということなのですが、実はこの実験には続きがあるのです。コピーをとらせてもらう枚数を5枚から20枚に増やした場合、1は24％、2は42％、そして3は24％に承諾率が落ちてしまったのです。つまり、コピー20枚のお願いになると、もっともらしい理由では通用しないということ。商品を売るコピーライティングに応用するときには後者の結果を踏まえて、相手が十分に納得できるような理由づけが必要です。お願いを断られるばかりでなく、店や企業の信頼にも関わってきますからね。

心理学にはコピーワークの参考になるヒントがたくさんあります。たとえば第1章でも書きましたが、売りたいがために商品をホメてばかりいるコピーより、「ちょっと値段が高いのが難点！」と、ネガティブな要素もしっかりと書くことで全体の信用度が増す。このことは、アメリカの心理学者カール・ホブランドが、**「一面提示で自分に有利な結論だけ言うより、両面提示で不利な面も同時に言うと納得しやすくなる」**と提唱しています。

また、心理学の説得の手法にはクライマックス法とアンチ・クライマックス法の2通りがあり、前者は、大切な部分＝クライマックスを後半に持ってくるやり方。これに対してアンチ・クライマックス法は重要なことを先に伝えてから補足をしていくやり方なのですが、どちらの構成を選ぶかは、**相手がじっくりと読む状況（小説など）ではクライマックス法が適するが、相手が積極的に読もうとしない（広告など）場合は、伝えたいことを前に置くアンチ・クライマックス法が有効**、といった具合です。小説のストーリーなら、先の展開をジラされてもついていけるけど、広告のコピーは大切なことを早く言っておかないと、途中で読むのをやめられちゃうかもしれないからというわけですね。

今回ここに挙げたものも含めて、心理学の論文や実験などは、もう数十年も昔のものがほとんどなのですが、今あらためて広告コピーづくりの手法にあてはめても、理にかなったものが多いことに気づかされます。機会があれば、ぜひ心理学関連の本を一冊、コピーライター目線で点検してみてください。きっと面白いヒントが見つかります。

これは最近見つけたいくつかの例です。あなたは、どちらのほうが読み手を引きつける表現だと感じるでしょうか？（図２－③）

僕の個人的な答えはB、A、B、Bですが、これは時と場合とで変わってくるケースもあると思います。東京と大阪とでも反応は違うかもしれません。ともあれ、言葉を入れ替えたり逆説的にするだけのことで、相手の心理に違いが生じることを覚えておきましょう。特にタイトルをつけるときなどには、あれこれ工夫してみる価値、あると思います。

どっちが、そそる? (図2ー③)

A「駐車料金、2時間半額」
B「駐車料金、1時間無料」

A「この店のラーメンは高い。でも、おいしい」
B「この店のラーメンはおいしい。でも、高い」

A「知って得する節約情報」
B「知らないと損する節約情報」

A「この会社の株を買うと100万円儲かります」
B「この会社の株を買って100万円儲けた人がいます」

【9時限目】顧客ターゲットを狭めてコピーを書く

最近の通販事情の一つに「なかなか新商品が出にくい」ことが挙げられます。特に「雑貨」です。性能が少しだけアップしたり、デザインが変更されたりといったセミ・モデルチェンジが多い中で、**似たり寄ったりの商品たちがあふれています。**この傾向は通販市場に限ったことではありませんが、通販の場合は「ほかとは違った特長」を前面に出すことで、爆発的にあるいは独占的に売る手法に頼ってきましたから、商品の特長が差異化しにくくなることは広告を作るうえで大きな痛手です。

ライバル品との「小さな差異」をどのように表せば効果的か？　そのクリエイティブの差が、今後の通販における「売る力」の差になっていくと思います。本書ではここまで「商品情報（コピー）の差異化」について見てきましたが、その手法をさらに際立たせるのが「顧客ターゲットの絞り込み」です。

そもそも通販は、その商品を**「どんな相手」に対して売るかコントロールできる点がメ**

リットです。たとえば若い女性向けのウェアを売るなら、その世代に人気のEコマースサイトや雑誌に広告を掲載することでターゲットを絞ることができます。自社に過去購入者（顧客リスト）のデータベースがあるなら、年齢や性別、購入履歴などで見込み客を抽出してカタログやDMを送る。こうすることで、できるだけ商品とニーズをマッチさせてレスポンス率を上げようとするわけです。リストを絞り込むことは、同時にクリエイティブ側にとっても大きなメリットをもたらします。それは、商品を売る相手の顔がはっきりしてくる、つまり、その人に合わせた表現（コピーやビジュアル）ができるということです。

今、人気の「コードレス掃除機」を例にとってみましょう。わずらわしいコードがないからコンセントを気にせず、家中の部屋を移動できる！　軽いから階段も片手でスイスイ！のハンディ掃除機です。

「掃除機」といえば、ほとんどの家庭で使うものですし、吸い込み力や排気の清潔さなど、求められる機能も年齢や性別にかかわらずほぼ共通しています。デザインなどにもあまりこだわりはないでしょう。こういう商品なら女性向けのファッションものとは異なり、それほど媒体やリストを気にしなくてすみそうです。そこで、新聞の「折込みチラシ」で売ることにします。

あなたはコピーを任されたライターです。まず、ターゲットたちの「顔」を思い浮かべてみましょう。男性も女性もいますけど、折込みチラシだから主婦が多いでしょうか。子育て中？　マンション住まい？　いや、独身のＯＬさんもけっこういるのでは？　いやいや、最近は若い人が新聞を読まないというし、案外、チラシもお年寄りのほうがじっくりと見てくれるのかもしれない……。

こうなってくると、やはりコピーを書く立場としては、折込みチラシを見る可能性のある「みんな」に共通する商品メリットを訴えたくなりますよね。先ほどの「わずらわしいコードがないから～」のフレーズですね。でも、本章の冒頭にも触れたとおり、似たような商品がすでにあるとすれば、ライバルの考えることもだいたい一緒です。類似商品の数だけ類似広告が増えるばかりで、結局は、そうした最大公約数的な表現は誰の目にも留まらず埋没していきます。

そこで、もう少し対象を絞り込めたら、と考えてみます。年齢層で分けるだけでも、子育て世代の主婦に「**お子さんを抱っこしながら片手でも掃除ができますよ！**」とか、老夫婦世帯には「**本機をメインにすれば、もう、大きくて重い掃除機をゴロゴロ引きずって歩**

かなくてもすみますよ！」と、それぞれの生活環境に沿った商品メリットを伝えることができそうです。写真もそれぞれのシーンに合わせたカットに差し替えれば、より相手の心に刺さるかたちで、「子育て主婦用」と「シルバー世帯用」の2つの原稿が作れます。

「商品×ターゲット顧客」の組み合わせを考えることは、すべての広告計画の基本中の基本です。これによってプロモーションの規模やコンセプト、費用対効果が決まるわけなので、各社（広告会社も含めて）ともリサーチをして精度よく運用しています。ただ、その発想は主に、広告費や郵送料といった経費のムダが出ないように全体の「効率」をよくするためのものであり、クリエイティブの作り分けによる「効用」については、あまり考慮されてこなかったと思います。しかし、商品の特長による差異化が難しくなってきた今日では、この**「表現の個別化」が商品の訴求力に直接影響する要素**になってきています。

「コードレス掃除機」のケースで言えば、媒体は本当に折込みチラシでいいのか？ もっと対象を細分化してアプローチしたほうがいいのではないか？といった討議を、表現を担当するクリエイターを交えて行うべきだと思います。たしかに制作の手間は増えます（複数の原稿を用意する）が、同じ人数にリーチ（広告の到達率）するメディアやリストは同じ金額で選び直せます。少しの手間を惜しんで万人向けのコピーを流用していると、いくらリーチを獲得しても、肝心のレスポンスが上がらないといった状況に陥りかねません。キャンペーン全体の成果を伸ばすためには、あえてプロモーションを小さく刻んで、表現の個別化を図るという視点を、プランニング（広告立案）の工程に組み込む必要があると思います。

直販広告は、読者とコピーが出会う最初の接点が何より大事です。読み手に、「自分に向けて書いている！」ように感じさせなくてはなりません。

日本を代表するコピーライターのお一人、故・梶祐輔氏の著作にこんな記述がありました。

「ダイレクト・レスポンス」広告がどうしても何かに似ていなければならない、とするなら、それは何十万、何百万人の読者に宛てて書かれる「新聞記事」や「雑誌記事」ではなく、ひとりの人物がひとりの人物に送る「一通の手紙」であるべきではないかと、ぼくは考えている。

出典：『広告内視鏡』梶祐輔著、日経広告研究所

そう、まさに「手紙」ですね。通販コピーも一人一人の相手の顔を思い浮かべながら綴る。そのメッセージが確実に届くように、顧客対象の設定にも細やかな運用が求められるのではないでしょうか。

【10時限目】「商品情報＋取引情報＝通販コピー」の考え方

前項では、顧客ターゲットを絞り込むことでコピーを個別化するという話をしました。似たようなモノがあふれて商品の差異化が難しくなっている中で、いかに顧客に対して独自のアピールができるか。今回は送料やアフターサービスといった「取引内容」によるアプローチの個別化を考えます。

そもそも通信販売の草創期には、商品の特徴を伝えつつ、実店舗販売とは異なる商品の受け渡しや代金の支払い方法なども、詳しくコピーの中で説明する必要がありました。つまり、**「商品情報＋取引情報」のパッケージが通販コピーの基本形**だったわけです。今でもその基本構造は変わらないはずですが、現在の通販コピーはほとんど商品情報で埋め尽くされます。もちろん、広告やカタログ単位で申し込みや返品、支払いの方法がまとめて記載はされていますが、もっと個性的なサービスを作ることで、「取引」を「売り」に転化できないものでしょうか。

今や、食品、ファッション、家具、クルマ（！）まで、あらゆる物（しかも似たような物）が通販でも街の店先でも売っている状況下です。安易に価格訴求に走るばかりでなく、ここも「情報の個性」で勝負する。商品情報に差異がないなら、取引情報で差をつけてはどうでしょう。一般の店舗だと店員が近づくだけでお客さんに煙たがられるところですが、コピー文章ならそんな心配もなく、何でもズケズケと伝えることができるのですから。

「お客さん、購入後に気に入らなかったら返品もできますから安心してください。ウチは返品送料もタダですから！」

「ヨソではダメだと思いますけど、ウチは下着とか食品以外だったら、使ったあとでも返品できるんです！」

「普通はメーカー保証1年とか3年が相場ですけど、ウチの場合、5年間は無料で修理するシステムになってるんですよ！」

どうですか。もしも似たような商品を、実店舗で買うか通販で買うか迷っているお客さんがいたとしたら、これらのメリットは十分に「じゃぁ、この店で買おう！」の動機になると思います。

また、前項で取り上げた「リスト」の絞り込みをあわせれば、シニア層に対して次のようなサービスを個別にメッセージすることもできます。

「この商品は大きくて重いから、2階の部屋まで運んであげますよ！」
「パソコンが苦手なら、お宅に伺って設定までしてあげましょうか！」

実店舗の世界では、大規模なチェーンストアが「安価」を武器に街の商店を苦しめています。個人経営の電気屋さんが、近所にできた大型量販店に負けないように、訪問時に電球を取り付けてあげたり、そのついでに電気シェードを風呂場の浴槽で洗ってあげたりと、ほとんど便利屋さんのような「営業メニュー」を開発して奮闘しているケースも多いと聞きます。

その点、「通信」販売なら、地域の制約にとらわれず網羅的にさまざまなサービスを行える。問題はサービスの内容ですね。なるべくヨソの店では行われていない独自性にこだわりたいところです。他店（通販他社も含む）になびきそうな顧客を、オリジナルのサービスによって誘い込む、あるいは既存顧客を外へ逃がさないことが目的ですが、アイデア次第ではサービス内容が話題となって企業個性のアピールにつながることだってあります。

新しい施策には経費がかかるでしょうが、サービスの提供範囲を顧客層や世代別に設定したり、商品ジャンルやカタログ単位で限定したりすれば「持ち出し分」をコントロールすることは可能でしょう。購入者全員を対象とする商品価格割引や送料無料、ポイント付与といったありきたりの還元策に走るより、かゆいところに手が届くようなオリジナルサービスのほうが、顧客の目には「刺激」として映ります。

一度始めたサービスを途中で引っ込めるのもカッコ悪いでしょうから、サービスに無理がないか期間を区切ってテストしてみてもいいでしょう。かかる経費の半額をいただいて「有料サービス」でもいいでしょう。どんなに小さなアイデアでもかまいません。そうした顧客サービスに取り組む姿勢をコピーの中で情報として伝えることが肝心なのです。

取引の内容やアフターサービスを考えるのは、コピーを書くのとは別の仕事だよ！こんな声が聞こえてきそうですが、「商品情報＋取引情報」のパッケージが１つの通販コピーだとすれば、コピー中に「他店よりもウチを選んでもらえる要素」が入っているかどうか？　これを最初に判断できるのはコピーライターだと思います。もしも、コピーを書きながら「商品自体の情報だけでは訴求力が弱いな」と感じたら、「商品力とは別の顧客メリットを足す必要がある！」と、サービス企画担当者や経営側に提案してみてはどうでしょうか（企業内のコピーライターじゃないと難しいでしょうけど）。取引に関するサービスは、その発想に企業の考え方が表れます。どんなサービスをすれば顧客の信頼を得ることができるのか？　企業の代弁者として、その「表現」を発想するのもコピーライターの仕事だと思います。

【11時限目】「安い」が通用しない時代の通販コピーとは？

これからの時代、商品の価格について消費者の目は確実にシビアになっていくと思います。消費税アップの影響などもあるでしょうが、そもそも消費者の買い物に対する価値観が変わってきている気がします。長い不況が続いたことで無意識のうちに買い控えが体質化し、若い世代は年金など将来の不安を抱えています。もしかするとバブルを経験していない世代は「景気がいい」がどんな状態なのかイメージすら湧かないかもしれません。

では、**人はますます価格の「安い」ものへ群がるようになるのか？**というと、ちょっと違う気がします。

消費者たちは心のどこかで、もう、これまでのような**「大量消費社会」からは逃れたがっているの**ではないでしょうか。「資源を大切に！」などという大仰な発想ではなく、次から次へと新商品を追いかける、あるいは追いかけられるような買い物に疲れ果て、安物を取っかえ引っかえ使い捨てる生活にも飽きた。糸井重里さんのかつてのコピー「ほしいものが、ほしいわ。」（１９８８年、西武百貨店）の心境と言えばよいでしょうか。

モノを買う際（毎日のおかずや消耗品の類は別として）、本当に自分に必要か？　いずれ使わなくなったりしないか？　すぐに壊れたりしないか？と悩む傾向が今まで以上に強くなっています。「ムダな買い物」に対する嫌悪の気持ちとでも言うのでしょうか（断捨離ブームなどもそういう気分の表れではないかと）。したがって、売る側が気にしなければならないのは、商品を安く見せることではなく、**価格が妥当であることを「証明」すること**に変わってきているのだと思います。

一般の店舗なら、そもそも現物が見られますし、デパート、専門店、ディスカウントショップなどの売り場の違いによって、品質や耐久性能などの信頼感をある程度、買う前に判断できます。でも通販は現物が見られず、売り場は玉石混淆。ブランド品などは別にして（これも真贋がありますが）、本来は、通販こそが価格についてもっと根拠を示さないといけないはずですが、多くの通販広告は「安い！お得！」を強調するばかりです。それでも、「たしかに同じ物なら実店舗より流通コストのかからない通販のほうが安いはず！」という消費者の「思い込み」に助けられて通用してきてしまった側面があります。

しかし、デフレによってここまでモノの値段が下がってくると、通販やリアル店舗にかかわらず「安い」が常識化して、買い物のキーワードとして通じなくなってきました。熾烈な安売り競争のあげく、今や１００円ショップで衣服が売られている時代。そんな中、ムダな買い物を恐れる消費者たちは、本当に価値のあるモノしか「安くても買わない」のです。でも、自分なりにモノ選びの眼力をフル回転させるものの、モノの「常識的」な価格自体がわからなくなってきている。**現物の見られない通信販売では、品質は確かか？適正な価格か？と二重に不安**なのです。

通販コピーの役割の一つは、購入を迷う顧客の「不安」を取り払ってあげることです。有名メーカーの商品なら品質の証明は比較的ラクですが、製造者が知られていないメーカーの場合は、プロフィールを紹介するだけでなく、あえて競合品の情報を盛り込むことも方法の一つです。たとえば、価格が同じくらいのライバル品がどんな店で売られているのか（デパートレベルなのか量販店レベルなのか）を記せば、その商品の品質レベルをある程度証明することになるでしょう。

そのうえで、なぜこの価格なのかという理由を詳しく示す。安いなら安いなりに、「オリジナル化の大量生産につきこの安価」が実現したとか、相場よりも高い場合は、「職人の手作りなのでどうしても高価」になってしまう、といった具合です。そうした情報を得るには、市場をリサーチしたり、メーカーを取材したりすることになるかもしれませんが、これも商品価値を「情報」で伝え切らなければならない通販の宿命と言えるでしょう。

価格といえば、購入後にかかるランニングコストも忘れてはいけません。

たとえば家電。「加湿器」であれば、本体価格プラス消費税はイニシャルコストとし、定期的に交換が必要なフィルターなど付帯消耗品をランニングコストとして、1シーズンにかかるトータルコストを記すようにします。暖房器具なら1時間あたりの燃料費（電気、ガス、灯油、薪など）の目安も。掃除機ならフィルターと電気代の両方がかかります。

こういう情報は、よく見ればどこかに書いてあるものですが、有利な場合は大きく目立たせるけど、不利な場合はスペック（仕様）欄に押し込むように小さな文字で記載しているケースがまだまだ多い。そうではなく、「常識的」に大事な順番で伝えたい。たとえば

ＰＣにつなぐ家庭用プリンターなどは、本体の安さに比べてカートリッジ式インクの値段が高くてビックリします（僕の場合、２か月ごとに本体が買える！）。こういうことは、最初からコピーにきちんと書いて気づかせてあげるべきだと思いますね。

通販における商品コピーは、どこまでも「消費者目線」で書くことです。ときには商品のデメリットを書くことになりますが、それでも届けるべき情報を販売前にわかりやすく教えてあげる――。そうしたコピーが多くの通販広告で常態化したとき、通信販売＝情報販売は、消費者にとってありがたい「信頼の小売形態」であるとの評価を勝ち取ることができるのだと思います。

コラム2 「ポエム」が「説得コピー」に変わった瞬間！

僕はいま、宣伝会議が主催するコピーライター養成講座の「ボディコピー特訓コース」を担当しています。受講生の皆さんの中には、すでに広告の現場で仕事をされている人もいれば、まったく未経験の人もいます。でも、「レスポンス広告」の長文コピーを書いた経験のある方は少ないので、反応はさまざま。とても新鮮です。

ある日の授業風景——

受講生の皆さんには、事前に配布しておいた商品資料を参考に、あらかじめ新聞広告用のキャッチフレーズ＋４００字程度のボディコピーを書いてもらいました。そして講義の1週間ほど前、添削用に送られてきた原稿を見て驚いたのは、ほとんどの人のコピーが「である調」で書かれていたことでした。

講義の日、まず受講生の皆さんに尋ねました。「今回の課題をイメージコピーとして書いたという方は挙手を…」。想像どおり、半分以上の人の手が上がりました。

イメージコピーは、商品や企業の認知を広めるブランディング広告などに多く見られますが、商品を直接売る通販コピーとは性質が異なります。そのことは受講生の皆さんも知っていたと思いますが、指示を与えないと、多くの人が「である調」で「イメージコピー」を書くのです。さらに、それらの原稿には共通点がありました。短い言葉や体言止めのフレーズを1行に1つずつ並べた詩歌（ポエム）のような作品が多かったこと。そこであらためて感じたのは、「である調」「イメージ」「ポエム」は、見えない糸でつながっているということです。

僕は今でも、文章を「ですます調」で書くことが多いのですが、そのきっかけは新人コピーライターだった頃、上司から受けた「である禁止令」でした。当時の上司いわく、「キミのコピーはイメージで書いているから何も伝わってこない。身の丈でいいから本当の自分の言葉で書く癖をつけろ。だから、しばらくの間、である調を使うな！」

当時は、「イメージ＝である調」の関係性にいま一つピンときていませんでしたが、仕方なくコピーを「ですます調」で書いていると、半年くらい経った頃からでしょうか、だんだんとペンがスムーズに運ぶようになっていることに気づきました。「である調」で書いていた頃と比べると、同じ時間で埋まる原稿の量が増えている！　その理由は、記述が以前より「具体的」になっているためでした。

コピーライターを目指そうとしている人なら、誰でも「自分の文章で多くの人に感動を与えたい……」と思うことでしょう。駆け出しの頃の僕もそうでした。読む人の心を揺さぶるような、何かいい話を仕立て上げたいと意気込んで、気の利いたレトリックを探すことに夢中でした。「なに」を書くかというより、「どう」書いてやろうかと悩むうちに時間ばかり過ぎていくのです。思えば、そんなときの思考回路は常に「である調」モードだった気がします。「〜だ、〜である」の文体は、書く側にとって自身の想いを言い切った感じで気持ちがよく、読む側には力強く立派なことが書かれているように映ります。「生活」より「人生」といった重い単語を選ぶようになり、文章がどんどん「抽象的」になる傾向があります。自分の書く文章に自分が酔っていく。これが僕の「イメージで書いている」状態だったわけですね。それがさらに高じ

ると「ポエジー（詩的）モード」へと誘われていく……（笑）

このときの受講生の皆さんの場合も、課題を前に「さあ、コピーを書くゾ！」と気負うあまりに、通販コピーとイメージコピーの別を意識する前に、つい、自分の「作品」を書き始めてしまった人が多かったんだと思います。

通販における商品コピーは、一言で言えば「店員さんのおしゃべり」のようなものです。商品の前で立ち止まったお客さんに、いきなり「人生は、長い旅に似ている」などと話しかけたら相手は引いてしまうでしょう。それでも店員が目をつむって、気持ちよさそうに自作の詩を朗読し続けたら…、お客さんは逃げて行きますよね。

直販コピーも同じです。背伸びをせずに、身近でわかりやすい言葉やフレーズを重ねていけばいいのです。喫茶店で友人とおしゃべりしているような「自然体」でいいのです。広告コピーだからと意識過剰になって、変なモードスイッチを入れてしまうことが一番よくない。「である調」は、そのスイッチに手をかけるきっかけになってしまうことがあるのです。

話を講義に戻します。当日、商品コピーに書くべき要素の選び方や並べ方などについて説明したあと、「力まずに、話すようなつもりで文章をつなげてください」と告げました。そして1時間ほどかけて、自分で書いたコピーをリライトしてもらいました。すると、どうでしょう！　たくさんあったはずの「ポエム」は、一つ残らず見事にリアリティーのある「説得コピー」に変わっていました。

そのときの演習では、「ですます調」でリライトすることを強制しませんでした。それは、書き始めるときのモードスイッチを切り替える要領さえつかめれば、実はどちらの調子でも書けるようになるからです。案の定、最初に「イメージコピー」として仕上げた人たちは、短い期間に同じ商品のイメージコピーと直販コピーの両方を「である調」で書いたことで、その性質の違いをはっきりと認識できたようです。「である調」でも、しっかりと具体的な内容になっていました。正直、とても同じ人の文章とは思えないような変わりっぷりに（僕は半年もかかったのに……）、受講生の皆さんのコピー力が、確実にワンランク上がった瞬間を見た気がしました。

最後に付け加えると、イメージコピーも商品コピーも、「どのように」言うかよりも「なにを」言うかが肝心だという点は一緒です。イメージコピーは一度に「たくさんの人」に語るように書くのに対して、直販コピーは「あなただけ」に語りかけることが大事という点で、ちょっとアウトプットの方法が違うだけです。つまり、書く際のモードが制御できるようになれば、両方のコピーを同じレベルで書き分けられるはずなのです。ただ、イメージコピーには「型」がない分、上達の手がかりをつかむのが難しい。その点、直販コピーには、書き方の「コツ」や、売るための「セオリー」があるので、それさえ覚えてしまえば目に見えて上達します。直販コピーのノウハウを体得していけば、鏡を見るように、イメージコピーの書き方もわかってくるはずです。

第3章

「コピーライター養成講座　ボディコピー特訓コース課題」ビフォーアフター

こんなに変わった！　受講生たちの添削前とリライト後の原稿を大公開

それでは、ここから受講生の皆さんたちが書いた実際の作品をご覧に入れましょう。全部で10人の方に作品を提供していただきました。前半の5人は『カップラーメン』。最近の低糖質ダイエットブームを背景に、糖質を一般的なカップラーメンの約半分に減らしたという商品です。

まず、皆さんに商品資料（84〜85ページ）をお渡しして、これをもとに400字を目安にコピーを書いてもらいました（期間は1週間くらい）。それが【添削前】の作品です。後日、その原稿に僕が添削をしてお返しする➡2時間ほどのレクチャー➡（添削と講義を踏まえて）その後の1時間くらいで自身の原稿をリライト（書き直し）する、といった流れで完成したのが【リライト後】の作品です。

後半の5人は『10年日記』。一冊に10年分の記録をつけられるズシリと重い日記帳です。こちらは低糖質ラーメンと違って類似品がたくさん出回っている商品ですね。リライトまでの手続きはカップラーメンと一緒です。

先入観を持たないように、ここでは多く語りません（実際の受講者の皆さんと同じ条件で)。ですから、読者の皆さんも商品資料だけを参照しながら、まずは自身のコピーを書いてみてはいかがでしょう?

実際のビジネスの現場では、同じ商品のコピーを複数のライターが書く、しかもそれぞれの仕上がりを見せ合う、いわば「競作」のようなことはしなくなったんじゃないでしょうか? でも僕の経験からすると、「競作」が一番勉強になったと思います。ベテランから新人まで、所属するコピーライター全員が同じ商品資料をもとに書く。その中から一番「売れそう」なコピーを編集長が選ぶ。それを掲載するのです。もしも後輩ライターのが採用されたらどうしよう…、そうなったら自分は他部署へ回されるんじゃないか…。プレッシャーに押しつぶされそうでした。

レスポンスコピーの良し悪しは、文章の巧拙ではなく、読み手の心を動かすかどうか、です。派手なコトバや洒落た言い回しは必要ない。だからこそ初心者でも上手に書けるケースが多いし、だからこそオリジナリティーを出すのが難しい。

ぜひ、あなたの作品と掲載作品とで競い合ってみてください。

課題1 「やせ太郎」

新商品

低糖質カップラーメン「やせ太郎」

※通販限定商品（10個組）

特徴

- 「低糖質ダイエット」（※下記参照）の流行を受けて開発された新商品。
- 一般的なカップ麺の糖質を50％オフ。一般的なカップ麺の糖質50グラムを糖質25グラムに。（※当社比）
- これまでの低糖質麺はこんにゃくや豆腐を原料としているため、コシの弱い麺が多かった。
- 麺の主原料である小麦粉に糖質含有量の少ないでんぷん糖を混入することで強いコシを実現した。
- 温度と風速の組み合わせを変える「超ノンフライ製法」を駆使して弾力のある麺に仕上げた。
- スープは健康＝薄味のイメージを覆す、濃い味わいの「こってり味噌味」。

※「低糖質ダイエット」とは、糖質(炭水化物)が多く含まれる米、パン、麺類、菓子などの摂取を減らすダイエット法。

その他

価格：10個組 3000円（1個あたり300円→一般のカップ麺より高め）
内容量：90グラム（一般品と同量）
エネルギー：300kcal（一般品より低め）

想定媒体

「ダイエット特集号」の雑誌（カラー1ページ）

課題

①見出し（文字数制限なし）、②商品コピー（本文300～400字程度）を書いてください。

※ネットで調べるなどして、この資料に記していない情報をコピーの中に入れてもけっこうです。

※本文の中に、愛用者の「仮想コメント」を創作して入れてもけっこうです。

課題2　「10年日記」

商品

「10年日記」（2017年版）

特徴

- 1冊で10年間つけられる日記帳。(2017年1月1日～2026年12月31日)
- 1ページには10年分の日記スペースが連なっている構成。
- 1日分のスペースは100字分くらい。
- 西暦、和暦、十二支、六曜表記あり。
- 日記ページのほかに「10年分のカレンダー」「600人分の住所録」「家族欄」などを収録。書き足りない場合の補足ページもある。
- 贈り物としてもおすすめしたい。

その他

- 価格 5000円（税別）、B5判、重さ1.3キログラム、全520ページ、化粧箱入り
- 素材（表紙／塩ビ、用紙／耐久紙）
- 別売りで本革製のカバー（5000円）あり。

想定媒体

新聞5段　※年齢および性別問わず訴求

課題

①タイトル（文字数制限なし）、②商品コピー（本文300～400字程度）を書いてください。

※本文の中に、愛用者の「仮想コメント」を創作して入れてもけっこうです。
※類似商品の広告などがたくさんありますが、なるべくオリジナルのコピーをつくってみてください。
※上記の情報をすべて入れなくてもけっこうです。

受講者課題添削　「やせ太郎」

課題添削例1　H・A氏

『もう、こんにゃくラーメンには戻れません！』
糖質50％オフで、このコシ・弾力・濃厚スープは、やせ太郎だけ。

【添削前】

ダイエット中に食べるラーメンといえば、こんにゃくや豆腐を原料としたものが主流ですが、「確かにスープは美味しいんだけど、麺は所詮、糸コンニャクだわ…」という残念なお声が多いことも事実。せっかくラーメンを食べるなら、抜群に美味しくなきゃ。ダイエット中でも美味しく食べて美しく健康でいてほしいとの願いを込め、発売したのが『やせ太郎』です。「このコシ！え？本当にダイエット麺!?」と驚かれる強いコシのある麺は、糖分をあまり含まないでんぷん質を小麦粉に混ぜることで実現。さらに弾力をプラスするため、温度と風速の絶妙なバランスが可能にした「超ノンフライ製法」で製麺しました。スープもこってり味噌味で、一杯で十分満足いただけるはずです。目指したのは、普通のラーメン以上の「あぁ、美味しかった…」というあなたの声。通販限定商品です。この機会にぜひ、ご賞味ください。

解説

文章は巧みだし、全体の構成もバランスよく仕上がっています。タイトルに特別なレトリックはありませんが、必要な要素をソツなく拾い上げています。

本文3行目。「せっかくラーメンを食べるなら、**抜群**に**美味しく**なきゃ。ダイエット中でも**美味しく**食べて**美しく健康**でいてほしい…」の部分、月並みな単語の連発だと、読み手の心を揺さぶれない。それどころか、調子のいいことばかり言って、所詮広告だもんね！と思われてしまうので注意。

「残念な**お声**が多い」「一杯で十分**満足いただける**」は、普通に「声」「満足できる」でいいでしょう。読者＝消費者におもねる感じは、いかにも「広告的」で伝わりません。

次に形式的なこと。一度の改行もなく最後まで続くのはちょっと辛い。息が詰まる。内容や場面が変わるときには改行して読み手を休ませてあげることも必要。読み手が内容を咀嚼する隙間でもあるのです。

締めくくりに**「この機会にぜひ、ご賞味ください」**のクロージングコピーがしっかりと書けていて広告のカタチにはなっているんだけど、読み終わったあとに「一番、印象に残ったフレーズは？」と聞かれると……う〜ん（悩）

【リライト後】

糖質50%オフで、このコシ・弾力・濃厚スープは、やせ太郎だけ。

「スープは美味しいんだけど、麺は所詮、糸コンニャクだわ…」そんな声が多かったコンニャクや豆腐のダイエット麺とは『やせ太郎』でお別れしましょう。「このコシ！え？本当にダイエット麺!?」と驚かれるシコシコ麺は糖分をあまり含まないでんぷん質を小麦粉に練り込んで実現。温度と風速の絶妙なバランスが可能にした、こだわりの「超ノンフライ製法」です。スープもこってり濃厚な味噌味で、一杯食べるだけで十分満足できるはず。『糖質50%オフ』にも秘密があります。糖質0パーセントも技術的にはできるのですが、実は糖質制限を急にはじめると体調不良やリバウンドの原因になることが報告されているのです。あなたもそんな経験ありませんか？多くの専門家がすすめているのが「プチ糖質制限」。そんなかゆい所にも手が届くイケ麺…やせ太郎と一緒に「今年こそ、やせ太郎！」を叶えませんか？通販限定商品です。ぜひ、この機会に。

解説

タイトルが少し長いので前半をサブタイトルにとアドバイス。ちょっとダイジェスト的ではあるけれど、キーワードが網羅されたわかりやすいタイトルです。

本文は、正直に言うとリライト前のほうがこなれている感じ。でも、広告は文章の巧拙で読み進めるかどうかが決まるわけではないのです。じゃ、何か？　それは読み手の脳に「刺激」を与えているかどうかです。

リライト前の本文1行目。**「…こんにゃくや豆腐を原料としたものが主流ですが」**のような説明から入るより、リライト後のように、いきなり**「スープは美味しいんだけど…」**と語りかけられるように始まったほうが読み手には刺激的です。さらにもう一つの刺激は、読者に「気づき」を与えている点。本文最後から3行目。**「多くの専門家がすすめているのが「プチ糖質制限」」**は、商品資料のどこにも書いていない情報です。読者も「へぇ〜、そうなんだ！」と食いついてくる。まだ世間で知られていないネタをせっせと探して取材して書く…。ほら、なんだかルポライターみたいでしょ（17ページ参照）。

冒頭の「糸コンニャク」と2行目の「コンニャク」のかぶりをなんとかしたい。最後から2行目の「やせ太郎」かぶりは、2回目をひらがなかカタカナにして処理しましょうか。いくつか問題点はありますが、それより「プチ糖質制限」のオリジナル性に軍配を上げたい。

それから、中盤**「スープもこってり…」**のところは改行しておきましょう。

課題添削例2　I・S氏

【添削前】

忙しいママのきれいを守るカップラーメン登場

　毎日、目の回るような忙しさの中で、ふと食べたくなるラーメン。小さい子どもを連れてラーメン屋には行かれないし、かといってカップラーメンはカロリーが気になるし。ああ、でもこってりした味のラーメンが無性に食べたい！

　と思っていたら、新開発の低糖質カップラーメン「やせ太郎」を見つけた。なになに？カロリーを気にせず、しかも糖質が50％オフ？さっそく食べてみると、意外に濃い味わいのこってり味噌味。んー、美味しい！麺もしっかりコシがあってちゃんと食べた感があるのに、カロリーが低いから罪悪感がない。これだとお店に行くのと近い満足感で、とてもお得な感じ。名前の割にあなどれないな。10個セットだったけど、すぐになくなっちゃいそう、ダンナ様には内緒にしとこうっと。

解説

全体的にうまくまとまっています。文章もわかりやすく楽しいので、どんどん読み進められます。が、それゆえにスルスルと読んでいるうちにいつの間にか終わってしまう。総じてメーカーパンフレットをなぞったような表現にとどまっているように感じます。

まず、タイトルの**「忙しいママのきれいを守る」**が、ちょっと優等生すぎるフレーズ。低糖質とはいえ、カップラーメンが女性をキレイに…はリアリティーがない。広告コピーは、万人に伝わるようにと、つい大きなワードを使いがちですが、広い意味を持つ単語は、それだけ「ありふれた」言葉でもあるので、連続するとフレーズ丸ごとが陳腐化してしまいます。

5行目の**「と思っていたら、」**に、少し後ろにある**「見つけた!」**をダイレクトにつなげてみてはどうでしょう？ そのあとに**「新開発の低糖質…」**をぶら下げる。つまり、こうなります。

と思っていたら、見つけた! 新開発の低糖質カップラーメン「やせ太郎」。

このほうが劇的で、読み手は「何を見つけたの？」と先を読みたくなる。文中の語順を変えるだけで、読み手に与える刺激も変わる。

【リライト後】

～子育て世代の夫婦の楽しみ～　糖質半分安心満足の夜ラーメンのススメ

ママ友には「えー、ダイエットなんてしてないよ！」と言いつつ、こっそりやっている低糖質ダイエット。無理なく続けたい、頑張り過ぎたくない、そんなあなたにおすすめのカップラーメンができました。新開発の低糖質カップラーメン「やせ太郎」には、２つのおいしさの秘密があります。麺は小麦粉とでんぷん質がねりこまれていて、しっかりとした歯ごたえ。スープはこってり味噌味で、ひと口食べた時から大満足です。食べる直前に卵を落とせばさらに濃厚な味わいに。カップラーメンとは思えない充実さです。

価格は１個３００円。でも子連れで入りづらいラーメン屋さんよりも、よっぽどお得。通販限定、１０個セットなので、備蓄用にも便利です。秋の夜長に、子どもの寝た後に、夫婦で仲良く召し上がってみて下さい。

解説

えーと、Sさんは僕の添削に目もくれず（笑）、がらりと違った作品にリライトしてくれました。

まず、**「子育て世代」「夫婦の楽しみ」「夜ラーメン」**という固有のワードを入れたことで、ぐっと引き込まれるタイトルになりました。これからどんなストーリーが始まるのかと興味が湧きます。本文の出だしも、リライト前の「ふと食べたくなるラーメン」よりも、「こっそりやっている低糖質ダイエット」のほうがテーマとしてワクワクします。欲を言えば、1行目は「えー、何もしてないよ!」くらいのほうが、あとの「低糖質ダイエット」が引き立ちますし、表現にキレが出る。

本文の7行目。**「食べる直前に卵を落とせばさらに濃厚な味わいに」**は、読み手に映像を浮かばせるように描写せよ！のアドバイスを意識してくれた部分でしょうか。ビジュアルばかりでなく、文章でもシズル感は出せるんですね。

最後から4行目。価格が少し高いことをあえて記すことで、文章全体の説得力を増しつつ、**「子連れラーメン」「通販限定10個セット」「備蓄用」**などの要素で、その価値をフォローしています。締めくくりの**「夫婦で仲良く〜」**のコピーも効いています。

課題添削例3　M・Y氏

【添削前】

しめの一杯にはコレ！

上司との付き合いで飲みに行った帰り。ダイエット中だけど、どうしてもしめのラーメンが食べたい！我慢できればいいけど、そうはいかない！そんな時は、低糖質カップラーメン「やせ太郎」はどう？一般的なカップラーメンの糖質と比べて半分。なんと300キロカロリー。これだけじゃ満たされないんじゃや？と不安になるかもしれないけれど、強いコシが出るように糖質の少ないでんぷんを混入し、食べごたえ抜群です。しかも、味は「こってり味噌」で、満腹感倍増。飲むと絶対に大好きなラーメンが食べたい私。我慢することなく、罪悪感もなしで、ストレスフリーになりました。おかげでダイエットが続きます。ランチにもいいですね。「やせ太郎」はあなたのダイエットを応援します。

解説

リズム感のある文章ですね。そう感じさせるのは、センテンスの語尾がバリエーションに富んでいるせいでしょう。「です。ます。」以外に、**「…飲みに行った帰り」**（体言止め）、**「…ランチにもいいですね」**（話しコトバ調）、**「…そうはいかない！」**など、いろんなパターンがバランスよくまぶしてある。読み手を飽きさせないテンポがあります。広告コピーにありがちなのは、体言止めの多用。一見、小気味よいフレーズに思えても、連発すると悪い意味での「広告っぽさ」が際立ってしまうので注意が必要です。

タイトルはもう少し書き込みたいですね。媒体の都合で字数の制限もありますが、レスポンスコピーの場合はイメージ広告的なワンフレーズではなく、商品のプロフィールやベネフィットをしっかりと伝えたい。

本文の2行目。**「我慢できればいいけど、そうはいかない！」**この一文は省きましょう。なぜか？ 答えは次ページで触れますが、あるとなしとでは大いに差が出る。ここ、とても大切なポイントです。

最後にもう一つ。改行が1つもないことで、全体が四角い文字の固まりに見えて息苦しい。それから、「？」や「！」のあとも全角スペースを入れたい。あまりに「かけ足」で読まされて、読み手が内容を咀嚼し切れていないうちに、話だけどんどん前に進んでしまっている印象。

【リライト後】

ダイエット中のしめの一杯にはコレ！

　上司との付き合いで飲みに行った帰り。ダイエット中だけどどうしてもしめのラーメンが食べたい！そんな時は、低糖質カップラーメン「やせ太郎」はどう？

カップラーメンなんて‼と思う方もいるかもしれません。でも、ダイエットの主な失敗原因は過剰に好物を我慢し、ストレスをためこんでしまうこと。だから、たまにはいいじゃん！って自分を許してあげることも大切なんですよね。

「やせ太郎」なら、一般的なカップラーメンの糖質と比べて半分。カロリーは300キロカロリーと低めです。これなら罪悪感もないですね。しかも、麺には強いコシが出るように、糖質の少ないでんぷんに小麦粉も含まれているから、食べごたえ抜群。味は「こってり味噌味」で満腹感倍増です。おかげでストレスフリー！ダイエットが続きます。

これならランチにもいいかもな。
「やせ太郎」はあなたのダイエットを応援します。

解説

まずタイトル。**「ダイエット中の」**を入れてくれました。そうですね、これで読者に少しだけシナリオの先を想像させます。添削前のタイトルでは、何の話だかがわからなすぎる（笑）。本文の途中で、いきなり「低糖質」「我慢」「やせ太郎」と言われてもピンとこず理解のスピードが遅くなっちゃうんですね。

さて、問題の冒頭3行。いま一度、読み比べてください。**「我慢できればいいけど、そうはいかない！」**どうですか？ ないほうがキレのあるフレーズに感じませんか？ たとえれば、30秒のテレビCMより、同じ作品の15秒バージョンのほうが笑える感じ。ま、その効果がどれほどかはさておき、そもそも、商品コピーは、ディテールを書き込む必要があるため長文になりがちです。ムダな（言わなくても通じる）部分を極力カットして、その分ほかの要素を詰め込みたいのです。自分の書いた文章は削りにくいものですが、原稿を一晩ほど眠らせてから推敲すると、カットできる文章が見つけやすくなります。文章が達者な人ほど、つい筆が走りすぎて冗長になる傾向がありますから気をつけてください。

課題添削例4　O・S氏

【添削前】

こってりご褒美、しっかり制限

ただよう濃厚な味噌の香りに、もうテレビのニュースも耳に入らない。まずはスープをひと口。そして麺を持ち上げ、ふうふうとさましながら一気にすする。あぁ、飲み込むのがもったいない。たまにどうしても食べたくなる、カップラーメン。「スーパー糖質制限」で体をしぼっている僕には敵でしかなかったが、「やせ太郎」をコンビニで発見。一食25グラムの糖質なら、「ご褒美」としては許容範囲だ。麺は、しっかりとした歯ごたえ。原材料を見ると、「小麦粉、食物性たん白、植物油脂、卵粉、食塩、香味調味料」。意外にも大豆粉やふすま粉などを使っていない。こってりした味噌味で満足度は充分。スープまで飲み干して、しっかり完食。今まで感じていた食後の罪悪感からの解放も、このうえなく嬉しい。

たまの「ご褒美」は、これから頻繁にやってきそうだ。

解説

タイトルと本文最初の4行で、Oさんの文章力がうかがえます。タイトルでは、**「こってり」**と**「しっかり」**で韻を踏みながら、**「ご褒美」**と**「糖質制限」**の対比を上手に表している。冒頭3行で**「味噌の香り」**や**「スープをひと口」**と、「何か旨い物の話だな…」と読み手の想像をあおっておいて、「ラーメン」の話だとバラすのは少しジラして4行目。巧い仕掛けです。読む人の目に映像を浮かばせる描写もさすがです。

ストーリーの構成も上手で、最後の**「たまの「ご褒美」は、これから頻繁にやってきそうだ。」**の締めもバッチリ決まっている。

7行目からの**「原材料を見ると……大豆粉やふすま粉などを使っていない」**は、もともとの商品資料にはないオリジナルの情報です。これもGood!

書くべき要素が、巧みな文章で綴られた、理想的なコピーのはずなのですが…、全体的にどこか堅い印象。原因の一つは、せっかくのオリジナル情報が、原材料名の羅列になっていること。食べる人にとって、どのようにありがたいのか？に言及していない。そして原因のもう一つは、全部で5カ所ある体言止めのせいだと思います。で、その解決方法をアドバイス。「試しに、ですます調で書いてみては？」

【リライト後】

こってりご褒美で、しっかり糖質制限。

ただよう濃厚な味噌の香りに、もうテレビのニュースも耳に入らない。まずはスープを一口。ふうふうと麺をさましながら、一気にすする。あぁ、飲み込むのがもったいない。

たまに、どうしても食べたくなるのがカップラーメン。ダイエットの敵であるこの魅力的な味わいに、ガマンする日々は終わりました。スープまで飲みほしても糖質はたったの25g。コンビニのおにぎりよりも少ないのです。特にこだわった麺は、「超ノンフライ製法」のもっちりとした歯ごたえ。大豆粉やふすま粉を使っていないので、風味に独特のクセがなく、純粋なおいしさを味わうことができます。

これまで「たまのご褒美」だったカップラーメンを、ぜひこの機会に常備食に。通販限定で、ライバルにこっそり差をつけましょう。「やせ太郎」で、おいしい低糖質でダイエットを楽しみませんか？

解説

ですます調にしたことで、文章がまろやかな印象になりました。である調で書くと自然に、選ぶ単語が重く、暗く、堅くなりがち。加えて体言止めも増える傾向があります。倒置法なんかも使いたくなって、最後にはポエムのようになってしまう人も。Oさんに限っては、そんな素人さんではないのですが、スイッチを切り替えることで、すんなりと頭に入ってくるコピーになりました。

本文6行目。**「スープまで飲みほしても」**のおかげで、糖質がたったの25gしかないのに**「こってりご褒美」**であることを強調しています。**「コンビニのおにぎりよりも…」**のたとえもわかりやすくて◎。商品資料の説明文を、いかに臨場感のあるリアル表現にするかが、「売れるボディコピー」の肝の部分ですね。よくできています。

「通販限定」だからこそ、**「こっそり」**と**「おいしい低糖質」**を**「楽し」**める。クロージングコピーの動機づけも満点！ 説得力があります。

形式的には、行頭を一角落としたことで、文字組みの窮屈感が解消されました。また、改行で3つの段落がパッと見た瞬間にわかるようになったこと。これにもメリットがあります。それは、読み手が「あぁ、この文章にはだいたい3つのことが書いてあるのね」と認識できることです。すると、1つ目はこのことか、2つ目はコレね、じゃぁ3つ目は？という具合に、自ら確認しながら読み進んでくれることです。リライト前のような形式だと、全体が四角い文字の固まりに見えてしまい、そもそも読むのがおっくうに感じてしまうのです。レスポンス広告は一発勝負です。読ませるためには“文字組みのビジュアル”も大切なのです。

課題添削例5　K・S氏

【添削前】

「ダイエット＝我慢」という常識は捨ててください
こだわったのは「食べた！」という満足感です

ダイエット中でも思いっきり食事を楽しんでもらいたい。これが、低糖質カップラーメン「やせ太郎」の使命です。

おいしさの秘密は製法にあります。小麦麺に糖質の少ないでんぷん質を混ぜ、強いコシを実現。独自に研究を重ねた「超ノンフライ製法」でもっちもちの弾力のある麺に仕上げました。スープはコクと旨みのこってり味噌風味。従来のダイエットラーメンにありがちな、うす味スープのこんにゃく麺では味わえないおいしさです。

「やせ太郎」は、ダイエットの大敵「糖質」のカットにもこだわりました。一般的なカップラーメンと比べて５０％減。「残業で夜中になってしまった日にも安心してガッツリ食べられます！」、「つい食べすぎてしまった翌日にすごい役立っています！」と大好評いただいています。絶品なのに糖質カット。我慢も一緒にカットして、満足ゆくまで食事の時間を楽しんでください。

解説

タイトル。コンセプトを絞りましょうかね。「ダイエットを我慢しなくていい」のか、「食べた！満足感を味わわせる」のか。文章が長いわりに、出てくる言葉が一般的すぎるから、2つの内容とも頭に残らない。ここはどちらかの要素に絞って、そのかわりに印象的なワードを埋め込むとか、読み手に「想像」させるフレーズにするとか工夫したいところです。

本文で気になるのは、「手前ミソ」と思われやすい安易なフレーズが多用されている点。**「おいしさの秘密は製法」「強いコシを実現」「独自に研究を重ねた」「……麺では味わえないおいしさ」**。いわゆる「広告的」な表現で、自社商品が優れていることを前提にしたような言い回しが鼻につく。商品を説明しているようで、実は自慢話をしている（笑）。そんな人がいたら嫌われますよね。次ページのリライト後作品では、そのあたりの言い方がどんな風に変わっているかチェックしてくださいね。

体験者のコメントを入れたところはいいですね。なるべく地の文とは要素が重ならないように、そして実際にしゃべっているようにリアルな表現を心がけましょう。

最後の2行。**「絶品なのに糖質カット。我慢も一緒にカットして、満足ゆくまで食事の時間を楽しんでください。」**締めくくりで読み手の背中を押してあげるクロージングコピーは書けていますね。個人的には、「我慢も一緒にカットして」は削ったほうがいいかと。そのほうが、「絶品＝糖質カット＝満足」が連結して迫力が出る気もします。

【リライト後】

「ダイエット＝我慢」という常識は捨ててください。


　ダイエット中も思いっきり食事を楽しんでもらいたい。これが、低糖質カップラーメン「やせ太郎」の使命です。

　おいしさの秘密は研究を重ねたレシピにあります。小麦麺に糖質の少ないでんぷん質を混ぜ、もっちもちの弾力麺に仕上げました。スープはコクと旨みのこってり味噌風味。いままでのダイエット麺のような、こんにゃく独特のクサみやフニャフニャ感とはサヨナラです。

　ダイエットの大敵「糖質」のカットにもこだわりました。一般的なカップラーメンと比べて５０％減。「糖質が低いのにとってもおいしくて、３日連続で食べてしまいました。」、「残業の日も安心してガッツリ食べられます！」、「スイーツを食べすぎてしまった次の日に役立っています」と大好評をいただいています。

　こだわったのは「食べた！」という満足感です。絶品なのに糖質カット。我慢も一緒にカットして、満足ゆくまで食事の時間を楽しんでください。

解説

タイトルを前半の1行に絞ったんですね。少し直球すぎる嫌いはありますが、この方が、「話の中にどんなオチが待っているんだろう?」という疑問が読み手の頭の中に残像として残ります。添削前のように、ここへ**「こだわったのは「食べた!」という満足感です」**とやってしまうと、せっかく湧いた好奇心をそいでしまいます。書きすぎることで、かえって「刺激」できないんですね。

さて、本文は3行目から劇的に変わりました! 添削前を抜き出してみると、

「おいしさの秘密は製法にあります。小麦麺に糖質の少ないでんぷん質を混ぜ、強いコシを実現。独自に研究を重ねた「超ノンフライ製法」でもっちもちの弾力のある麺に仕上げました」

これはK・Sさん自身が内容をよく咀嚼せずに、商品資料にあるフレーズをそのまま流用したような書きっぷり。広告臭プンプンでした。それがリライト後には、ご覧のように変わっています。商品の自慢ではなく、客観的な立場から商品を「説明」しているように感じられますよね。こんにゃく麺と比べた食感も、単に「おいしい」ではなく、**「こんにゃく独特のクサみやフニャフニャ感とは…」**と具体的になっています。

鼻につくNGワードを削った分、コメントがもう一つ増やせました。そしてその直後に、添削前のタイトルで削った**「こだわったのは「食べた!」という満足感です。」**を持ってきた。3つに増えたコメントの迫力が、より一層際立っています。大成功です。

受講者課題添削 「10年日記」

課題添削例6　A・C氏

【添削前】

1日わずか4行。『10年日記』で大切な毎日をつづろう

去年の今日、何をしていたか、覚えていますか？
楽しかった日、悩んだ日、
泣いたり笑ったりした日々の暮らしを
『10年日記』に残すことができます。
1年前に書いた言葉で懐かしい自分に出会えます。
まるで辞書のような全520ページ
重さ1・3kgの重厚感のある日記は、
手になじむB5判の大きさ。
10年分のカレンダーで何年か先の予定まで決められて
とっても便利です。

また、西暦、和暦、十二支、六曜表記が10年分確認することもできます。
知的な贈り物としても喜ばれる『10年日記』
さぁ、今日から日記生活を始めてみませんか？

解説

まずはタイトル。出だしの**「1日わずか4行」**は、具体的でわかりやすくていいのですが、後半の**「大切な毎日をつづろう」**が少し月並みな印象です。

続いて本文。詩のようなイメージで1行ごとに改行をすると、一見読みやすそうですが、実は読み手の頭に入っていかず、読んだそばから忘れていく。〝論理的に説得〟する書き方としてはとても損をしてしまうのです。しかも商品コピーは基本的にたくさんの要素を入れ込みたいのです。もちろん限度はありますが、いろんな読者（顧客）がいるわけですし、特にこの商品は人によってベネフィットが多様です。なるべく多種の特長を伝えるためにも、〝1行パラパラ〟ではもったいない！　無駄なフレーズ、単語、空白を、いかに省いて内容の密度を濃くするかがポイントです。

商品資料に書いてある要素については、細かく書いてくれています。重さが1・3kgとか520ページとか西暦や六曜表記のこととか…。でも、こうしたスペック的な要素を並べても、なかなか人の心は動かせない。じゃぁ、どうするか？

- 全体をいくつかの段落に整理して、〝話す〟ように書いてください。
- 商品のハードな情報ではなく、ソフトな情報を想像して書いてください。

とアドバイスしました。すると、なんということでしょう！

【リライト後】

1日わずか4行で「自分史」がつくれます。

去年の今日、何をしていたか覚えていますか?ペラペラとめくると、簡単に過去の自分が蘇ってきます。それが妙になつかしく、嬉しかったりするんですよね。

1日わずか4行という気軽さが、ずぼらな方でも三日坊主にならない理由の1つ。

1・3kgと少し重い日記ですが、そこには「10年分」の日々の出来ごとが積み重なった重みになります。

日記はあなた次第で使い方はいろいろ。「子育て日記」はもちろん、「おべんとう日記」や自分の趣味の写真を貼って残したり、人とは違った使い方もできます。

今は、スポーツを頑張っているお子さんに「成長日記」をつけられるようにとプレゼントされる方が増えてます。

日記以外にも６００人分の住所録や家族欄があり、その時々の友達とのつながりが蘇ってきて楽しむこともできます。さぁ、あなたも「10年日記」で自分だけの自分史をつくってみませんか。

解説

見ちがえるようです！　商品の特徴を箇条書きしたような単調な文章が、見事に〝説得話法〟に変わりました。最初に商品の構造、次に楽しみ方、最後にダメ押し！の構成もよし。

特に８行目からの〝使い方例〟が具体的で効いていますね。**「子育て日記」**くらいは多くの人が思いつくでしょうが、**「おべんとう日記」**や、**「趣味の写真を貼って残したり」**というオリジナルの使い方を提示したことで、読み手に〝自分だったらどんな日記にしようかな…〟と想像させる楽しさが増えました。あとはどんどん妄想を膨らませて自ら盛り上がってくれるでしょう。

単に、プレゼントにもオススメ！と書くのではなく、「スポーツを頑張っているお子さんのための成長日記に」と例を挙げて提案してあげる。住所録・家族欄つき！ではなく、**「時々の友達とのつながりが蘇ってきて楽しめる」**と付け加えてあげることで、スペック的な要素に〝人の温かさ〟のようなものが通いました。商品のハード情報ではなく、ソフト情報を！とは、まさにこういうことなんです。

コピーの最後で、「ぜひ、あなたも〇〇しましょうよ！」と語りかけるフレーズを〝クロージングコピー〟と言います。クロージングとは、〝契約する〟という意味で、レスポンスコピーには欠かせないもの。一見、ベタなパターンではありますが、コレがあるのとないのとでは反応に大きな違いが出るんです。いま買わないと損しますよ！　もう皆さん使っていい思いをしてるんですから、ほら、あなたも…と、迷う読者の背中を押す役割をします。ただ、せっかくこんなに素晴らしいコピーに生まれ変わったのですから、「自分だけの自分史」は、かぶりのない別のフレーズに。〝さぁ、さっそく「10年日記」であなただけの自分史をつくってみませんか〟くらいでどうでしょう？

課題添削例7

T・M氏

【添削前】

はじまりを祝う

「還暦祝いは赤いちゃんちゃんこ以外で」

という母のリクエストを受けて、悩んだ挙句に10年日記をプレゼントした。

「これから何をしたらいいのかしら、」

とつぶやいていた姿が心配で、ボケ防止になればという思いもあったが、
６５年働きつづけてくれた母に、
これからは自分のための新しい10年を生きてほしいと思ったのだ。

「おかげで年齢を重ねるのが楽しみになったわ」

とりあえず１ケ月続いた、と母が報告にやって来た。

「実は２冊目なの」

そう言って、分厚い１冊をとりだした。

「あなたが生まれたときに、おばあちゃんがくれたのよ」

初めて立った、お母さんと呼んだ、熱を出した、歯が抜けた、小学校入学、
ところどころ抜けているところもあるが、10年分の365ページが母の字で埋まっている。

最後のページの一番下の欄には一言だけあった。

〝10歳の誕生日おめでとう。〟

「あなたに子どもが生まれたら贈るわね」

まだまだ楽しみが尽きないわ、そう笑う母は若返ったように見えた。

解説

典型的なイメージコピーです。そして、とてもうまい。僕も自分の母親の姿を重ねてジーンときました。本作品を商品コピーとして解説するのは野暮なので、ここでは、一般論としてイメージコピーがどうして直販コピーに向かないのか、という話をします。

まず、一行ずつパラパラと読む自由詩のような形式。読み手の想像力を掻き立てながら、ゆったりと行間を読ませて、感動させる……。直販コピーでは、そうした論法が通用しないんですね。そもそも読む側は「広告」を積極的に読もうとしない。少しでも退屈だと感じれば途中で次のページへ、別のサイトへ、トイレへと行ってしまう（笑）。したがって広告コピーは、要点（読ませどころ）を前半に置くアンチ・クライマックス（57ページ参照）が基本です。味わい深い文章を綴る余裕が少ない……。その少ない余地に「売る」ためのエッセンスを織り込む。そこが本書のテーマなんですね。

ところで、このMさんのイメージコピー。スイッチを切り替えただけで、こんなに見事な「レスポンスコピー」に変わりましたよ。

【リライト後】

夫婦のための10年日記

10年後の理想の夫婦像はありますか？

結婚した時はあったけれど今はそんな話をするじかんもない、メールの内容は事務的な用件のみになってしまった、という夫婦には２人で１冊の10年日記をつけてみるのも面白いかもしれません。独り言でも、嬉しかったことでも、グチでも、不満でも。毎日10年夫婦の会話をとればいいことは分かっているけれど、できない。という２人のために、４行で伝え合う秘密の交換日記です。

「３年前の夏はここに行ったよね？」「え？そうだっけ？」「覚えてないの？」10年日記なら、１年前、２年前、３年前のちょうど今日なにをしていたか分かるので、そんな会話もなくなるでしょう。できれば、たまにはなかなか言いにくい感謝の言葉も伝え合いたいですね。

次の結婚記念日にぜひ10年日記を贈ってみませんか。

解説

イメージコピーでは「還暦をすぎた母」だった主役が、リライト後は「10年後の夫婦」になりました。うん、こっちのほうが楽しげだし、「10年日記」の商品特長を合理的に説明しやすそうです。

最近、会話が事務的になってきた夫婦に、**「2人で1冊の10年日記をつけてみる」**ことをすすめています。単なる記録としての日記だけでなく、アイデア次第でさまざまな楽しみ方ができることを気づかせている。**「4行で伝え合う秘密の交換日記」**（本文7行目）は、一日分の書き込みスペースが4行であることを伝えつつ、商品の魅力につながるイメージ（アナログ感、大人の知性、秘密…）をまとったフレーズ。**「1年前、2年前、3年前のちょうど今日なにをしていたか分かる」**（本文9行目）の一文も、「1ページに10年間の同じ日付が並んでいる」ことと「夫婦の思い出を互いに忘れない」を同時に表している。このように、商品の機能や構造を、エピソードの中に溶け込ませながら表現する。物語を味わいながら商品の特長も理解できる文章のつくり方こそ、神髄。感服です。

課題添削例8　I・Y氏

【添削前】

かあさん卒業おめでとう

3か月で僕の世話も卒業です。
長い間ありがとうございました。
弁当、塾の送り迎え、夜食作り、
かあさんはいつも僕を中心にしてくれた。
やりたいことも我慢してくれたと思う。
これからは自分の世話をして、僕にくれた時間を取り戻して下さい。
住所録600件あるのでたくさんの出会いや体験も対応。1ページに
10年分が書けるので、グリーンカーテンが真夏に間に合うようにゴー
ヤの種も蒔ける。何も書けない日もいいし、100文字で収まらない
日は自由なページもあります。追伸：自分用も買ったけど、2冊分し
か買えなかったのでお父さんにはお母さんが買ってあげて下さい。

解説

この方もポエム病ですね。6行目あたりから目が覚めたみたいですけど(笑)。後半で急に、住所録600件、1ページに10年分、自由なページ…と、商品のことについて語り始めて、ちょっとギクシャクしています。とってつけた感じ。コピーは、起承転結とか文章の形式にはとらわれなくていいのですが、とにかく途中で退屈だなと思われないように意識して最後まで読ませなくてはなりません。そういう意味でポエム調は決して得策ではありません。詩は行間を考えさせたり、解釈を読者に委ねたりしますが、「説得コピー」にそんな余裕はないのです。

しかし、この作品の場合は話の中身がいいんですね。**「弁当、塾の送り迎え、夜食作り…」**こういう言葉は商品資料にはありません。つまり、オリジナルの物語になっている。しかもジーンとさせる。ならば、それを活かしながらもっと徹底的にリアルにして「手紙風」を強調してみては?とアドバイス。

【リライト後】

母さん卒業おめでとう！

母さんに、こんな手紙を添えて『10年日記』を贈りました。

3月で僕の世話も卒業ですね。
塾の送り迎え、弁当や夜食作り、泥んこの体操着を洗ってくれ、熱があれば病院にかけこんでくれた。いつも僕中心だった。やりたいことも我慢してくれた69年間。ありがとう。大好きなコーラスも、旅行も楽しんできてください。ほがらかな母さんだから友だちもいっぱいできて、600人分の住所録欄がいっぱいになるかもしれないね。
1ページに10年分の今日が一目で見られるから、真夏に間に合うようにゴーヤの種も蒔けるでしょ。10年分のカレンダーを見ながら予定も立ててください。毎日書けるかと心配かもしれませんが、ちょっと長いメールやツイッターのつもりで大丈夫。書けない時があってもいいし、たくさん書きたい時は、好きなことを自由に書けるページにつづけてもいいね。ちょっと重いけど、母さんのこれから先10年のできごとはこれくらい重くてもいいかと。僕にくれた時間をとりもどしてほしいから。

追伸：自分用にも買ったけど、2冊分しか買えなかったので、父さんには母さんから買ってあげて下さい。

さとし

解説

目覚めたついでにタイトルの「かあさん」が「母さん」になっていますね。うん、このほうがいいですよね。そもそも商品のことを一つも語っていないタイトル。あまりない例ですが本作ではアリでしょう。タイトルの役割は、次へ続く本文を読ませる橋渡し役です。このタイトルは、読む人に「えっ？ どんな手紙？」と思わせて引き込む。成功していますね。

冒頭で『10年日記』と記したことで、ポエムではなく商品コピーになりました。読み手は、漠然とした話にはついていきてくれません。もう一度、添削前の5行を読んでみてください。かったるいでしょ（笑）。

ところがリライト後、**「泥んこの体操着」**が挿入されたことで、**「塾の送り迎え」**や**「弁当や夜食作り」**もさらに効いてグッと感情に響いてきます。**「いつも僕中心だった」**の受けも重くずっしりときます。**「やりたいことも我慢してくれた69年間」**には涙が出てきそうです。このように細かく具体的に書くことは、リアリティーを高めるために最も有効な手法なのです。

「600人の住所録」や**「10年分のカレンダー」**といった、商品特徴もわざとらしくなく溶け込んでいます。**「ちょっと長いメールやツイッターのつもりで」**の表現も巧みですね。あえてデジタルなたとえで、アナログ商品の懐かしさ、手触り感といった魅力を強調しています。

課題添削例9

M・M氏

【添削前】

今年、社会人になる息子に10年日記を贈る

息子よ、吐き出せ。
日々、生まれる愚痴を。
これから先、想像もしなかった困難がお前を襲う。
そんな時、愚痴はこの日記に吐き出せ。
いつか〝3年後の自分〟が成長を祝ってくれる。

息子よ、書き出せ。
日々、教わった知識を。
これから先、今まで得ることが出来なかった多くの事を教わる。
そんな時、一人で出来るようになった事をこの日記に書き出せ。
いつか〝5年後の自分〟が器量を認めてくれる。

息子よ、曝け出せ。

日々、味わった恥を。
これから先、人前で恥をかく事も増える。
そんな時、味わった恥はこの日記に曝け出せ。
いつか〝8年後の自分〟が笑い話に変えてくれる。

社会人としての10年間。
600名分の住所録はお前が世話になった方で埋まるかもしれない。
家族欄には私の知らない女性の名前が書かれるかもしれない。

10年日記は十年十色の人生を記録する。

10年日記(2017年版 2017年1月1日～2026年12月31日)
価格 5000円(税別) サイズ B5判 1.3kg 化粧箱入り
素材(表紙/塩ビ 用紙/耐久紙)
贈り物には、別売りで本革製のカバー(5000円)もございます。
ご注文・お問合せ 0120-0000-0000

解説

いやはや。もはや笑うしかないですね。お見事。これ新聞の30段広告だったらカッコいいです。

でも今回は「商品コピー」ってことで、もう一度書き直してくださいませんか?(僕、こんなの解説できないし……。お願いします!)

【リライト後】

新社会人3大アイテム　スーツ・名刺入れ・〝10年日記〟

新社会人のみなさん、もう新生活の準備は整っていますか？他人と差をつけたいビジネスパーソンのあなたにおすすめなのが、〝10年日記〟。なんとこの日記、1ページに10年分のあなたをたった1日4行程度で記録できるんです。「8年前のオレ、愚痴ばっかり言ってるなぁ。おっと、5年前のオレなんて人前で大恥かいてやがる。」なんて、ひとめで10年分のご自身の成長を確認できます。

もし、仕事に慣れてきたら、「婚活10年日記」への変更も、「子育て10年日記」への変更もOK。日記には600名分の住所録も家族欄もついているので、あなたの変化に合わせて書きこめます。「会社の愚痴も、婚活も恥ずかしくて書けるか！」とお思いですか？大丈夫です。この日記は、1.3kgと重いので、ご自宅専用。誰にも見られることはありません。

愚痴も恥も、成長も。十年十色のあなたの成長を記録する10年日記。
あなたもたった1日4行の人生記録を始めませんか？

解説

Mさん、ありがとうございます。嫌がらずに書き直してくれました（笑）

そうですね、やっぱり商品コピーは「ですます調」が落ち着きますよね。相手に語りかけるように、時にはユーモアを交えて。本文4行目。**「8年前のオレ、愚痴ばっかり言ってるなぁ。おっと…」**の書き込み例を一読するだけで、ニヤニヤしながら昔の自分を懐かしんでいる男性の姿が目に浮かびます。このように実際の事例を細かく書くことで、老若男女を問わず訴求することができます。本稿ではビジネスパーソンに向けていますが、コメントの描写が具体的だと、読み手は勝手に、自分だったらあのときのことこんな風に書くな…と想像する。同じく7行目。**「「婚活10年日記」への変更も、「子育て10年日記」への変更もOK。」**と、テーマ別の個人史としても使えることに気づかせて、自分だったら●▲日記にしようかな…と考えさせる。読む側に「自分だったら…」と考えさせるような印象的な書き込み事例や用途のアイデアを捻り出すことがポイントです。

最後から5行目。**「会社の愚痴も、婚活も恥ずかしくて書けるか！…見られることはありません」**は、この商品の魅力でもある、アナログ感がにじみ出ていて◎。Mさんは、愚痴とか恥とか婚活とか…、ハッピーな言葉よりもちょっとネガティブなワードのほうが人の心をくすぐることを知っていますね。でも、最後から2行目の**「愚痴も恥も、成長も。」**は取っちゃいましょうか。もう何度も出てきてるので。その代わりに、「あなたの成長を記録する秘密の10年日記。」としてみてはどうでしょう？

課題添削例10　T・T氏

【添削前】

父からのプレゼントはわたしの忘れていた思い出でした

２０１１年（平成２３年）１０月２３日（日）

今朝も陽奈の声で目が覚めた。

キッチンでは、お得意のつたい歩きが始まっている。

すんなり出る右足。

しばらくして、テーブルからゆっくりと小さな手が離れた。

こわごわと差し出される左足が追いついたか、と思った次の瞬間、尻餅をついて頬が紅潮する陽奈に、妻が駆け寄った。

ハタチになった日、父からもらった２冊の「10年日記」。

パラパラとめくったページの先には、わたしが初めて歩いた日のことが書かれていた。

その下には、ぞうさんの歌。

更に下には、保育園の遠足で拾ってきたどんぐり。
わたしの忘れていた思い出が、ぜんぶ綴られていた。
日々の出来事を、ぜんぶなんて覚えていられない。
だから、わたしも「10年日記」をつける。
ツイッターのように書く、100文字。
10年後には、大切な成長の記録へと変わっているはず。
いつか、このこと一緒にページをめくる日を楽しみにして。
今日は、おなかが動いたことを書こう。
「10年日記」2017年版、定価5000円（税別）

解説

しんみりと落ち着いた素敵な文章。出だしの一行、締めくくりの文章など「詩」としてのレトリックも巧みです。10年の記録を子供の成長とともに振り返ることができる商品の特長もとらえています。…が、商品をダイレクトに「売る」コピーとしてはどうか？

この作品もまた「イメージコピー病」です。レスポンスコピーは、読み手にその商品を買うか買わないかを決めさせなくてはなりません。どんなに感動的な文章やストーリーを読んでも、「じゃぁ、買おう！」とはならないのです。そのためには派手なパンチより、細かいボディブローを確実に当てていく攻めが有効です。魅せる文章よりも、商品のディテールをわかりやすく伝える、それを手にすると購入者にどんなメリット（ベネフィット）が及ぶのかをリアルに表現する、といったコンパクトな手数が大切です。そして…

【リライト後】

ハタチの日にもらった、ずっしりと重い「十年史」

ケースから取り出して中を開くと、1ページに10年分の同じ日が並んでいました。はじめて歩いた日、お風呂で歌ったぞうさん、お父さんと一緒の遠足。どのページにも父が書きつづけた、わたしのあしあとがありました。無口な父が、わたしの思い出を10年間もつけていただなんて。

日々のできごとを、ぜんぶなんて覚えていられないから、わたしも「10年日記」をはじめました。ツイッターのように1日たった100文字綴るだけ。育児や仕事との両立もできます。いつか、この子と一緒にめくる日を楽しみにして、今日は、おなかが動いたことを書こうと思います。書き足りないときは補足ページを使って。住所録はお世話になった人たちの記録です。

贈り物に最適な化粧箱入り。耐久紙だから、どんなペンでも書きつづけられます。使い込むほどに味のある本革製カバーは、書き込みつづけた証になるでしょう。もうすぐ書き足せる家族歴。10年後の子どもへ「成長の記録」をプレゼントしませんか。
○○○社製　10年日記（２０１７年版）　定価５０００円

解説

「ポエム」のような、ふわふわとした作品が見事に「売るコピー」に変貌しましたね。

リライト前は、前半でいきなり書き手の思い入れが抽象的に語られていましたが、こちらは表現がより具体的になっています。そして、もう一つのポイントが、タイトルに**「十年史」**と入れたこと。さらに本文の冒頭部に「一冊に10年分の記録ができる日記」であることを記したことで、そのあとに書かれているエピソード（初めて歩いた日、お風呂でゾウさん♪、お父さんと遠足…）の一つ一つが、「あー、そういう書き込みがどんどんたまっていくわけね～」と、読み手の頭にスルスルとインプットされていくようになりました。ここでもう一度、添削前の2行目からのコピーを読んでみてください。

どうですか？　「日記」の話だとわからないまま読んでも、ちょっピンとこないですよね。ボディコピーはある程度長文になるとはいえ、無駄な文章を綴る余裕はありません。読み手の脳を刺激するための情報の順番や組み立てを常に工夫してください。

番外編　ボディコピー、陥りがちな5つのパターン

何の知識も入れずに、いきなりコピーを書いてもらうと、文章にその人の癖が出ます。一概に悪いものばかりとは限りませんが、ここでは主にレスポンス型の商品コピーとして馴染まない傾向の例を挙げてみました。活かすも直すも、まずは自分の文章を知ることから始めてみましょう。

1　改行が多すぎる、少なすぎる。

レスポンスコピーのテーマは「説得」ですから、基本的には理詰めで攻めていくことになります。第2章で触れたように、「知」と「情」のフレーズを連打しながら、伝えたいことを読み手に確実にインプットしていく。その場合、詩のように1行ずつパラパラとした文章ではかえって頭に入りにくいのです。Aの要素を補うセンテンスなら、2つでも3つでも改行などせずAにつなげて文章をつくっていきます。そしてAとは違うBの内容に移るとき、今度は必ず改行する。その繰り返しです。

逆に改行をまったくしないと、文字組み全体が「四角い塊」に見えてパッと見、窮屈。読者

からすれば、その時点で読む気をなくします。４００字のボリュームなら、全体を3つくらいの段落で構成するとバランスが取れると思います。

2　ひとつのことを長く書きすぎてしまう。

文章を書くことが好きな人ほど陥りやすい。なまじ筆が立つから1つのトピックを面白く、あるいは感動的に長々と綴ってしまう。力量があることは素晴らしくても、レスポンス広告の場合は「うまいこと言うな！　じゃ買おう」とはならない。読み手が購入を決めるのは、意外と商品のディテール情報だったりしますから、スイスイうまく書けたなどといって、独りよがりなコピーにならないように。

3　要素が少ない。

2にもつながることですが、たくさんの要素を詰め込みたい。それが商品コピーの基本です。特に新聞など不特定多数が読む媒体では、どんな訴求要素に刺さってくれるかわかりません。よく「訴求ポイントを絞らないとコンセプトが拡散する！」のようなことを聞きますが、要素を伝える一つ一つの文章がムダに長くないかチェックしてみてください。長尺コピーは字数に余裕があるため、文章がダラダラと長くなりがちです。長いことが悪いのではなく、さほど大事でないことに行数を費やすことがダラダラ感の源です。

4 「使用者コメント」を本文と切り離してしまう。

実際の使用者に使い心地を取材する「コメント」。地の文章を客観的に裏づけてくれる効果的な材料です。でも、ウェブの影響などが大きいのでしょうか、一通りボディコピーが終わったあとに、何人分もの「レビュー」を並べているコピーをよく見かけます。すでに「買おうかな」と迷っている人はそれが決め手になる場合もあるでしょうが、一からの「説得」の場合には地のボディコピーと合成して、知と情の合わせ技にしたほうが説得力が増します。

5 全体に「引っかかり」がない。

コピーを最後までスムーズに読ませることは大切ですが、コトバや内容があまりに一般的すぎて、何の「刺激」も受けずに読み終わってしまうと、広告は読み返してもらえません。商品を「売る」コピーは、大事なところではちょっと立ち止まらせることも必要です。この広告ならではの、意外性のあるオリジナルなニュース、トピックを盛り込んで読み手の予定調和を良い意味で裏切る。

読者は「どう書いてあるか?」ではなく、「何が書いてあるか?」に刺激(知識を得る、感心する、感動する、驚くなど)を受けるわけなので、そうしたトピックやエピソードを探したり、取材したり、創造したりすることが大切です。

第4章

編集者視点で、情報を「立体化」する

【12時限目】商品購入者のクチコミを誘発するには？

こんなことがありました。僕がまだ通販企業に勤めていた頃、あるファミリーレストランで見かけた光景です。4〜5人の女性たち（おそらく40歳代くらいの主婦？）が、当時僕が制作に関わっていたカタログの商品についておしゃべりをしていました。

「この帽子はクチャクチャにたたんでバッグに入れても生地がシワにならないし、取り出したとたんにツバのところもピンとして、すっごくいいのよ♪」

「わー！スゴ〜イ」（一同、驚き）

「私のこの小銭入れね、口がこんなに広がるのよ、ホラ！　だからレジに並ぶときも焦らないですむの♫」

「ナルホド〜」（一同、頷き）

あらかじめ品物を持ち寄るように示し合わせて計画的に行われたのか？　どんな趣旨の会合なのかわかりませんが、どうやら集まった友人同士で、それぞれが購入した商品の品評会をしているようでした。

僕はたまたま、彼女たちのボックス席の近くに座ったので話が耳に入ってきます（声が大きかったこともありますけど……）。商品のクレームみたいな話が出てきたらどうしようかと内心ドキドキでしたが、おおかたは商品をホメてくれている様子だったので、安心してしばらく聞き入っていました。「へえ〜、クチコミって、こういうことなんだ！」と思いつつ、「すごいな〜、この人たちカタログを見ないで、僕らが書いたコピーをちゃんと覚えてくれてるんだ！」と感心&感謝の気持ちでいるうち、あることに気づきました。「私はこの前、枕を買ったんだけどね…」と、その女性は、「これって、タレントの◯◯さんも使ってるんだってよ！」から始まって、「ヨーロッパの病院の院長さんが作ったんだって！」「1人で何十個も買った人がいるんだって！　どうしてだと思う？」とか、肝心の寝心地などの話より、カタログのコピーに書いてある、どちらかといえば付随的な情報や、裏話的なエピソードばかり話しているのです。

通販コピーを書くときに最も大切な要素は、商品の「ベネフィット」を伝えることです。**ベネフィットとは、その商品を購入することで得られる顧客メリットのこと。**枕であれば、これを使うと「ぐっすり眠れる」とか、「肩こりがやわらぐ」とか、その商品を買う一番の目的ですね。それなのに、そのクチコミの現場では、最も伝えるべきはずのベネフィットについての報告がほんの少しなのです。

なぜか？

それは、**商品のベネフィット情報に「意外性がない」から**ではないでしょうか。どこの企業の通販広告にも「枕」のコピーには、必ずその枕のベネフィットについて書いてあります。文量が長かったり短かったり、うまかったり下手だったりと色々でしょうが、**要するに「枕＝安眠」という予定調和的な内容がほとんどで、他人の気を引くコメントになりにくい。**品評会の彼女たちもそのあたりをちゃんと心得ていて、自分の話に興味を持ってもらえるように「ネタ」を選んでいるのです。枕について「よく寝られた」とか「疲れにくい」とか、そういう当たり前のことをくどくど言うより、限られた持ち時間の中で、相手に「へぇ！」とか、「なるほど！」と思わせられるトピックを見つくろっているわけですね。

通販で買い物をする側にとって、一番の関心事は商品のベネフィットのはずです。でも、所詮は通販ですから、現物を見ないで（詳細なベネフィットの真偽を確かめないまま）買う判断をせざるを得ません。内心では「枕の効果なんて実際に寝てみないとわからない…」と思いつつ、それでも「買った」のだとすれば、最後に背中を押したのは、ベネフィットとは別のコピー要素（1つか複数かわかりませんが）だったことになります。

おそらく品評会で話す内容は、彼女たち自身が商品購入の決め手とした情報なんだと思います。**自分が「ヘェ〜、そうなんだ！」と感じたからこそ他人にも伝えたい。逆に言えば、そう思わせるネタがなければ、いくらベネフィットに優れた商品でもクチコミに乗りにくいのです。**なくてはならないコピー要素の「主役」がベネフィットだとしても、それを盛り立てる「脇役」情報の存在がいかに重要かということです。**情報を人から人へ効果的に拡散（感染）させるには、もともとの情報源である商品コピーに、読み手の「ヘェ〜」を誘う刺激ネタを仕込んでおくことが鍵となります。**

そうした「刺激ネタ」を探し歩いて媒体に仕込むのは、一般的に記者や編集者と呼ばれる人たちの仕事です。週刊誌や雑誌などの一般メディアの場合、情報そのものが「商品」ですから、集めた刺激の価値の高さが「売り」に直結します。クチコミは刺激の強さを測るバロメーターと言えるでしょう。

商品コピーも、モノやサービスの価値を伝えるだけでなく、伝える情報自体に刺激を付加する。それがクチコミとなり「売り」につながります。どんなネタなら読者の心を動かせるのか？　その匂いを嗅ぎ分ける「嗅覚」がコピーライターにも要求されるのです。

【13時限目】著名人インタビュー！ 取材現場での注意点

通販広告に著名人を起用するケースがあります。イメージキャラクターとしてほとんど写真しか使わないような場合は別として、コピーの中に愛用者やモニターとして登場してもらう場合、そのコメントの良し悪しによって売上げに大きな差が出てきます。高いギャランティも発生するのですから、ここは成果を上げたいところ。13時限目は「売るコメント」の作り方です。

でも、その前にインタビューの準備について解説しましょう。実は勝負はここから始まっているんです。

インタビューの基本は、聞き手自身がなるべくしゃべらないことです。なぜなら、聞き手がしゃべっていれば、その間相手はしゃべれないわけですから万が一にも素晴らしいコメントが出るはずがない。こんなにもったいないことはありません。相手が大物だったり自らがファンだったりすると、興奮のあまり自分ばかりペラペラしゃべってしまい、どんどん時間が過ぎていきます（僕も新人の頃にやりました）。

結果、取材後のＩＣレコーダーや取材メモに相手のコメントが少なくて愕然とすることがあります（そういう場合、恥じながら電話やメールで追加取材したりしますが、これは実質的に失敗といってよく、だいたいろくなコメントはとれません。それ以前に相手にとっても迷惑ですよね）。そんなことにならないように、聞き手は冷静にかまえて、インタビューの全体を通して相手にたくさん語ってもらうことを心がけます。

ただし、**相手に気分よく饒舌に語ってもらうためには、聞き手との信頼関係が大事**です。ひとまずインタビューに入る前のタイミングで、相手の最近の仕事や作品などについて触れておくと、自然な流れで場がなごんでいくと思います。インタビューの本編でその話が出てくると話題を戻すのに苦労しますすし（笑）。

さぁ、相手と少し打ち解けてきたなと思ったらインタビュー本番です。

『徹子の部屋』でお馴染みの黒柳徹子さんはインタビューの名手として知られていますが、彼女は毎回、収録前日までゲストについて徹底的に勉強をするとおっしゃっていました。最近の仕事から故郷のことに至るまでの膨大な資料を読みながら、相手とのやり取りをイメージするのだそうです。オンエアでは、ゲスト本人もびっくりするようなエピソードを織り交ぜながら、マニアックな質問を浴びせたりして、終始、徹子さんペースでインタビューが進みます。

下調べを入念にすることはゲストに敬意を表することでもあり、そのことを会話の中でさりげなく相手にも伝える…　徹子さん流の高等なテクニックですが、相手に伝えなくとも事前に調べておくことは大切です。聞き手のペースでインタビューを進める自信につながりますし、相手によっては、自分のことについてどのくらい知っているのか、逆質問をして試してくるケースもあります。そんなとき、出たばかりの著作やブログの存在も知らないようでは、相手の気持ちは冷めてしまいます。逆に、普通なら知らなくても当然と思えるような話題に平然と答えられれば一気に距離が縮まって、その後の取材が断然やりやすくなるのです。

1.　時間を確認するときは、相手に気づかれないように時計を見る

インタビューの最中、相手の話の腰を折ることは御法度です。僕が現場で気をつけているのは次の２つ。

2. インタビューが終わるまで、カメラマンに撮影しているフリを続けてもらう

2つとも、相手の気持ちを切らせないための工夫です。聞き手が取材中に時計を気にし出したら、相手は「そろそろ終わりだな」と感じて集中力が途切れます。一度そうなると、そのあとはいいコメントは出てきません。そこで、相手に気づかれずに残り時間をチェックできるように、あらかじめ手元に自分の腕時計を置いておいたり、時間を相手の腕時計で確認したりと、時計への目線がバレないように、いくつか方法を確保しておくのです。

同じように、インタビューと撮影を同時進行で行う場合、カメラマンがインタビュー途中で「写真はOKです！」などと合図をすれば、じゃぁ、そろそろ…、となる。以前に失敗したことがあるので、以後は取材前に、「インタビューが終わるまでは空シャッターでも押しておいて」とカメラマンにお願いするようにしました。ちょっとしたことですが、偶然に出るいいコメントというのは、お互いが打ち解けた中盤以降に多いので、許される時間はたっぷり有効に使いたいのです。

それから、短いインタビューだとしてもICレコーダーは使ったほうがいいと思いま

す。もちろん相手の話した内容を確実に残すためですが、もう一つメリットがあります。メモですませようとすると、相手が大事な話をしているときほど、聞き手はペンを動かすことになり、相手の目を見ることができません。いいコメントが出ているときこそ相手と目を合わせながら真剣に相槌を打つ。その点、ICレコーダーがあれば安心ですし、相槌をしながら話に合わせた次の質問を考えて、コメントの続きを促すこともできます。レコーダーの注意がもう一つ。黙って録音を始めるのを嫌う人もいますから、必ず「今から録音します！」と断ってから、相手に見えるところでボタンを押すようにしてくださいね。

インタビューの心構えと段取りについて、だいたいイメージできたでしょうか？　ここまでのことは通販コメントの取材に限らず、著名人インタビュー全般に共通することですが、一つだけ通販コメント用のインタビューとして強調することを挙げるなら、**相手（マネージャーや事務所スタッフも含めて）との良好な関係性を築くこと**。実はこれが最も重要なポイントです。

通常の場合、著名人インタビューの主役はまぎれもなく取材を受ける本人ですが、通販広告に載せる場合、**最終的には「商品」が引き立つように仕上げなくてはなりません。**そのためにはインタビューの内容をもとに起こしたコメントを、相手に「飲み込んで」もらう必要があるのです。ここからは、ちょっとややこしい話になるので、次の時限で詳しく触れます。

【14時限目】説得力のある＝売れるコメントの作り方

著名人に商品を語ってもらうときに大切なのは、何といっても「リアリズム」です。いまだに**通販広告に対しては「広告＋有名人＝やらせ」のイメージ**がありますから、一般的な商品の特長をコメント化するだけでは信用してもらえません。その人ならではの「商品とのつながり」を表現するには、やはり直接インタビューをしてディテールを取材する。本人が日常的に欠かさず愛用している情景が思い浮かぶような、臨場感のあるコメントに仕上げなくてはなりません。

前項でインタビューの基本は聞き手がしゃべらないことだと書きました。でも、例外があります。それは、**著名人本人が商品についてあまり詳しくない場合**です。実際にその商品を使っているとしても頻度が少ない。あるいは、もともと本人が商品に興味なし…、といったケースです(多忙な芸能人にはありがち!)。それでもご本人はインタビューの「仕事」を受けた以上、あれこれ話をしてくれようとしますが、およそ的を射たコメントは期待できそうもない。そんなときは、なるべく相手の話の中に**インタビュアー自身が入り込んで、コメントを「創って」いかなくてはなりません。**

そういう場合に備えて、僕は相手のコメントとして**欲しいフレーズをあらかじめ用意しておく**ことにしています。そしてインタビューの最中、そのフレーズを盛り込んだ質問をして、もし、相手が「そうですね!」と頷いてくれたら、ちゃっかり本人のコメントとして書いてしまうこともあります。たとえは悪いですが「誘導尋問」のようですね(笑)。えっ!そんなことしていいの? もちろん、これは掲載前に先方のチェックを約束していることが前提ですが、このくらいのプロセスを経ないと説得力のある原稿は書けません(これは、また後ほど)。

インタビューでは、つい、商品についてのコメントをもらうことばかりに気が向きがちですが、意識しておきたいのが、**その人固有の「言い回しの癖」**や、「~だよね」とか「~

なの」といった**「語尾」を正確にとらえておくこと**です（そのためにも録音がベター）。しゃべり方というのは「本人らしさ」を印象づけるとても重要な要素で、著名人の場合は、その特徴が意外と広く世間に浸透しているものです。特に文章の場合は声やイントネーションを表せませんから、その人独特の言い回しや語尾が少しでも違うと違和感が目立つのです。すると何よりコメントのリアリティーが薄れますし、あとで本人に原稿をチェックしてもらうときに**「私はこんな言い方はしない！」とトラブルになる可能性もあります**（けっこう、こだわる人が多い）。指摘されたときに素直に直せばすみそうなものですが、こじれてしまう場合もあって、そのフレーズを丸ごと消し取られる、最悪のケースでは原稿の掲載自体を「ダメ！」と言われるケースもありますから気をつけてください。もちろん、一度そういうことがあると、次の仕事をお願いすることも難しくなります（アナタ、過去に何をやらかしたの？って感じですね）。

じゃぁ、きっちりと実際のコメントどおりに書き起こせばいいんだね？

いえいえ、言いたいことはその逆なのです。

人の会話というのは、主語が抜けたり、「て・に・を・は」が多少間違っていても通じるものですが、文章に書く場合はそうはいきません。言葉を補ったり語順を入れ替えたりしてアレンジしないと伝わりにくくなる場合があります。

そこで先述の「誘導尋問」を思い出してください。先ほどは、相手が商品を詳しく知らない場合の秘策として説明しましたが、実は通常のインタビューでも似たような手法を使うことがあります。

相手のコメントに対して「たとえば、言い換えるとこういうことですか？」とか、「こんな風におっしゃる方もいらっしゃいますが？」という具合に、随所に言い方（語彙）を変えたフレーズを挟み込んでおきます。相手が「そうです」と肯定のニュアンスなら、**実際のセリフに付け足したり、言葉の一部を差し替えたりして「作文」をするのです。**厳密には相手の口から出た言葉ではなくても、説明がわかりやすく、相手のイメージを崩す内容でなければ先方はたいがいOKしてくれます。逆に「うまくまとめてくれてありがとう」などと感謝のメッセージをもらったりすることもあり、そんな時はホッとします（実際のコメントとかなり違うことも多いので）。

もちろん、事実と違うことや、インタビューで聞いてもいない事柄を加えたりしてはいけませんが、相手が実際に話した表現だけに頼ろうとすると、どうしても**抽象的な言葉が多くて平板なコメントにしかならないのです。**

ただし、先方との関係がギクシャクすると、そのあたりのやり取りがスムーズにいきません。コメント取材の仕事で、先方との良好な関係が大切なのはそのためです。著名人本人より、むしろ周辺のスタッフ（マネージャーや事務所社長など）がピリピリしている場合も多いので、インタビュー前や後の電話応対なども慎重に進めます。

もう一つ、**コメントの説得力を増すために大事なのが「ディテール」の情報**です。柱となるコメントを決めたら、そのエピソードにまつわるシチュエーションなど細かな内容を取材します。商品をよく使うのはリビングなのか書斎なのか？　どんな時間帯に使うのか？　どんなバッグに入れて持ち歩くのか？　こういった、本人しか知らない固有の情報を聞き出します。このディテール情報こそコメントの真実味や説得力を強める素ですから、原稿を書くときに困らないように材料をたくさん集めて、なるべく具体的なシーン描写を心がけます。商品とは直接関係のないことでも、分量が許せばプライベートな情報をちりばめることで、コメントのリアリティーが高まります。

リアリティーといえば、著名人によってはリップサービスとばかり、過剰に商品をホメちぎってくれる場合がありますが、これも読者には空々しく受け止められてしまいます。

インタビューで「本当に言ってた！」場合でも広告では通じません。要は読者がどう感じるかですから、実際のコメントがオーバーに感じたら、ここも先ほどの方法で別の言い方に誘導します（笑）。そうした意味でも、事前に「仮想コメント」を作っておくことは有効です。インタビューは相手にしゃべらせつつも、聞き手が主導権を持つべきで、ある程度コメントの内容や筋書きを想定しておくと精神的に余裕が生まれます。**取材当日より、むしろ事前の準備をしっかりしておくことがインタビュー成功の鍵**だと思います。

2時限にわたってインタビューとコメント作りについて書きましたが、最後に一つ念を押しておきます。これらの手法は「通販広告の商品コメント用」のインタビューを想定したもので、一般的な読み物の取材やインタビューとは、手続きがかなり違っていることを知っておいてください（特に校閲の有無など）。また、インタビューをする相手や事務所によって反応はさまざまですから、いつでも通用する「マニュアル」とは捉えないでくださいね。

【15時限目】「広告っぽい」言い方は、「政治家っぽい」言い方と似てる？

本書の最初で、イメージコピーと、レスポンスコピーとは根本的に違うものだと書きました。前者は主に企業やブランドを広く認知させるためのもの。対してレスポンス広告のボディコピーは、読み手に直接購入を促すためのものだと。それぞれに書き方に違いがあるけど、特に「売る」ためのボディコピーには「説得力」が大事だよ…と述べつつ、15時限目までできました。で、ここまで進めておいて今さらなのですが、やっぱり、心の中にあるモヤモヤを一度大きな声で吐き出しておきたい。

「イメージコピーや通販コピーという前に、今の時代、**そもそも広告自体が消費者たちに避けられている！**」と。

インターネット業界では今、**サイト上のバナー広告がクリックされなくなって困っています。**なぜクリックしてくれないか？　それはバナー広告が一目で「広告」とわかるからです。もともとバナー広告はサイト本編とは独立して目立たせるように作られたはずなのに皮肉な話です。人によっては、端末に最初からブロックをかけてバナー広告が表示されないように設定してしまいます。新聞販売店には、**「折込みチラシ」を抜いて配達してほしい**という依頼が増えているそうです。もうチラシは見ない！というわけです。さらにマンションの**郵便受けには「DM・チラシお断り」の貼り紙**……。どうして、そんなに皆で「広告」を避けようとするのか？

一つ、心当たりがあります。

僕はもともと、「定期購読」形式の通販カタログのコピーを書いていたので、読者は毎度読んでくれているお馴染みさんという意識が持てました。だから、読み手に自然体で話しかけるように文章を綴ることができます。でも、一般的な広告は違います。

たとえば新聞広告や新規リストへのDMの場合、書き手と読み手は初対面のような関係なので、つい語り口がヨソヨソしくなる。しかも内容は「商品を買ってくれ！」。書き手はますます読み手におもねるようにへりくだった言い方になる。本書の最初のほうで触れたとおり、**「あなたの元気で楽しい毎日のために〜」**とか、**「お客様へ日頃の感謝の気持ちを込めて〜」**（図1－③参照）とか、思ってもいないことまで「下から目線」で書く。そういう、いかにも広告っぽい言い方が、消費者たちに呆れられているのではないか？　だとすれば、そういう「広告コトバ」を眺めながら、こう思っているに違いありません。

「どうせ広告は調子のいいことばかり言って買わせようとするだけ。売る側にとって都合のいいことしか書いてないんだから読んでも役に立たない！　……あ〜、退屈」

それは「政治家っぽい言い方」とか「教師みたいなことを言う」などと揶揄されるのと似ています。話が正論すぎたり、建前ばかりの内容だったりするとウンザリして、「そんなわかりきったことをクドクドと。どうせ皆の前じゃ本音を言わないんだし、聞いててもつまんない！　……あ〜、眠い」

もしも広告コピーが、そんな退屈な話の典型として擦り込まれているのだとしたら、長いボディコピーなんか誰も真剣に読んでくれていない、ということになってしまいます。

「退屈話」のレッテルを貼られてしまうコトバには共通点がある気がします。それは、**読む（聞く）側にとって「リアル」に響いていないこと。**そして、そのリアルが足りない理由の一つは**表現者が「自分のコトバ」を使っていないこと**です。

こんなことがありました。ふだんは新聞の生活面に記事を書いている女性記者さんに、ある商品の記事広告コピーを書いてもらったときのこと。「いつもどおりの記事の感じで書いてみて」と念を押したにもかかわらず、普段の舌鋒鋭い書きっぷりは影を潜め、とたんにメーカーパンフレットのようなホメホメ口調のコピーになってしまうのです。彼女はこう言っていました。「広告」と意識すると、記事を書くのとは違うスイッチが入ってしまって、「自分」が書いている感じじゃなくなる、と。文章のプロでも（だからこそ？）、**「広告コピーってこういうものでしょ」という思い込みがある。**これも「広告っぽい」の定型と言えるでしょう。

コピーライターは基本的に黒子ですから、個人の思想や主張を表に出しません。だから、彼女は取材もせずに、経験的に記憶された「思い込み」の広告コトバで書こうとしたのです。つまり、「自分のコトバ」を持てなかったために「リアル」に表現できなかったわけですね。

書き手が商品コピーで「自分」を出すためには、まず商品を勉強することが必要です。自分で使ってみて、メーカーを取材して、商品の「なに」を書くのかを自分で決める。クライアントに成り代わって書くにしても、商品を売る言葉の請負人として、**コピーライターは商品に対する「個人的な感想」を持つべき**です。そして、**本当に思ったことを自分のコトバで書く。**これまでの「広告」は、借り物のコトバを切り貼りして、消費者にとって耳心地のいいフレーズばかり伝えてきた気がします。キャリアのあるコピーライターほど、コトバ探しがうまくなり世間を操っているつもりでも、その実、消費者たちはすっかりお見通しなのです。

でも、コピーをリアルに書くだけで「退屈コトバ」から抜け出せるかなぁ。広告を避ける人たちは戻ってきてくれるようになるかなぁ……。

コピーを書くときに、僕がいつも意識している言葉があります。劇作家の井上ひさしさんが残された一文です。

むずかしいことをやさしく、やさしいことをふかく、
ふかいことをおもしろく、おもしろいことをまじめに、
まじめなことをゆかいに、そしてゆかいなことはあくまでゆかいに

井上さんが亡くなったあとに、色々な場面で引用されるようになりましたが、まさに、人に読んでもらう文章を書くときに心がけるべきことをいい得てるなぁと感じます。井上さんは、これを広告コピーを書くために記してくださったわけではありませんが、コピー

こそ、こんな風に書くことができれば、広告はもっともっと「ゆかい」になって、みんなから求められるようになるんじゃないでしょうか。

【16時限目】コピーに関係する、「デザイン」の話を少々 ラフスケッチは「原寸!手描き!」が原則

この章では主に、広告作りを「編集」のノウハウに学ぶという話をしていますが、情報をわかりやすく設計するという観点から、意外にも「レイアウト」の話が、コピーづくりにも役立ちます(ホントです!)。**インパクト重視のイメージコピーは「グラフィックデザイン」の作り方に似ていて、説得型のレスポンスコピーは「エディトリアル(編集)デザイン」の考え方に似ています。そう、編集デザインは〝論理〟的なのです。**写真やイラストをなぜそこに置くのか? 読み手の感情を刺激しやすいモチーフは何か? 通行人を立ち止まらせる「ヘソ」って? コトバによる〝説得〟を補助するために「機能」させるもの。それがデザインです。

一つのコンセプトに基づいて広告ページや媒体を制作する場合、コピーライターが中心

となってプロジェクトを進めることは少なくありません。デザインの〝意味〟を知っておくと、自らがクリエイティブディレクターとして動くときに有利です。

本当はウェブ上のレイアウトも含めた話をしたいのですが、ネット上ではまだ制約が多いので、基本的には印刷媒体を対象とします。とはいえ、ネットの人も応用できる点はあると思うので参考にしてください。

まず、デザイン（レイアウト、割付とも言う）を固めていくために「ラフスケッチ」（以下、「ラフ」）と呼ばれる下書きを描くのが一般的です。雑誌などの定期的な刊行物なら、本文や段組みのフォーマットが印刷された、原寸大の「レイアウト用紙」が用意されていると思いますが、もし、それがない場合でも、必ず「原寸」にはこだわりましょう。小さな用紙にメモ書きのようなスケッチを何パターンも描く「サムネイル」などの方法もありますが、これは本業のデザイナーがアイデアのバリエーションを提示するもので、そもそもエディトリアル（編集物）デザインには不向きだし、本業でないチームリーダー（新米デザイナーなども含む）こそ、原寸のラフがいいと思います（実際には「ラフ」も「サムネイル」も「コンテ」も混同して使っている場合が多いので、どのレベルを求めているのかは現場対応で！）。

「原寸」には理由があります。たとえばメインタイトルを書き込む際、原寸なら実際の誌面に何ポイントの文字（大きさ）で何文字入るのか、1行取りにするか2行取りにするかの目安が即座（しかも正確）にわかるのです。タイトル部分のプロポーション（大きさと形）はとても大事で、ここが決まれば、「リード」の位置や、タイトル横に置く「メイン写真」をどのくらい大きくすればよいか見当がつきます。すると、そのメインカットに写り込む商品の大きさは十分か？　いや、これじゃ小さすぎるから別の切抜きカットも用意しよう！　そういう一連のことが一発でリアルに判断できます。タイトルの文字数や、横着字切りが中途半端になってしまう場合も、この時点で調整、確定しておきましょう。横着して適当な大きさの紙に描き始めたり、導入部分をアバウトにしたまま進行すると、仕上がりが想像と違ったり、使いたい写真が手に入らなかったりして、かえって修正に時間がかかったりします。

デザインを構成する要素は、タイトル、写真、イラスト、図表などですが、ラフ作りに最低限必要なのは「タイトル」と「メインビジュアル」。これが決まらないうちは、デザインが始まりません。必ず実際に使う原稿をはめ込みます（常にリアル！を心がける）。それ以外の要素（小見出しやキャプションなど）でまだ用意ができていないものは「アタリ」としてスペースを取っておきます。

写真を選ぶ（あるいはこれから撮る）ときに、僕がこだわっていることがあります。**そ**

れは、なるべく「人物」が写り込んだ写真を使うという点です。試しに、何かお手元にある広告の人物部分を手で隠したりして、人がいるデザインといないデザインを比べてみてください。広告全体の印象が違って見えませんか？　それが単なるモデルさんの顔だけだとしても、人が写っているほうが誌面に「動き」を感じませんか？　人を隠したとたんに誌面の「グリッド感」が強調されて、冷たく「無機質」なイメージになりませんか？　不思議とこれ、動物やイラストだとあまり差が感じられず、やはり「人物」の「写真」が強い。まわりのタイトルや商品写真と人物が結び付いて、なんとなくですがボディコピーに「物語」を予感させ、ちょっと読んでみようか、と思わせる効果が出ると思います。というわけで個人的には、広告内に最低一つは、人物を絡めた写真を入れるようにしています（図4－①）。

あとで大きな直しが入らないように、タイトルまわりなどを「確定」しながら進めることは大事なのですが、ラフは「コンセプト」をスタッフで共有するためのものなので、見た目を「キレイ」に作る必要はありません。むしろ僕の経験では、あまり精密に描きすぎると、デザイナーはそのスケッチどおりに仕上げようとして、ビジュアルづくりのプロとしての独創性を発揮してくれないケースがあります。ラフの段階では、必要な要素の取捨選択、文字原稿の調整などを主眼として、細かいレイアウトは全面的にデザイナーに託

（図４－①）

広告写真に「人物」を入れる効果

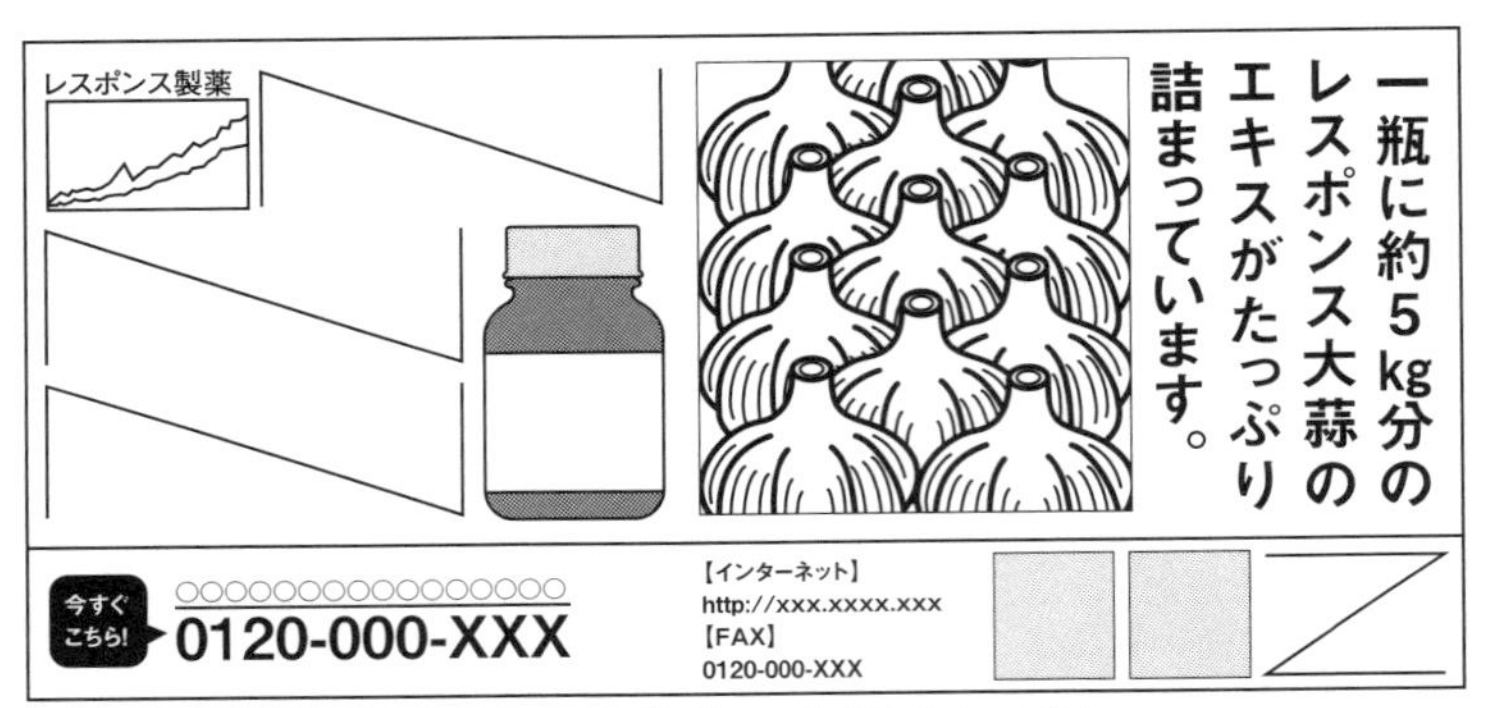

“モノ”と“器”の写真だけだと、伝わってくるイメージは、
素材、成分、効能…なんだか即物的で無味乾燥。

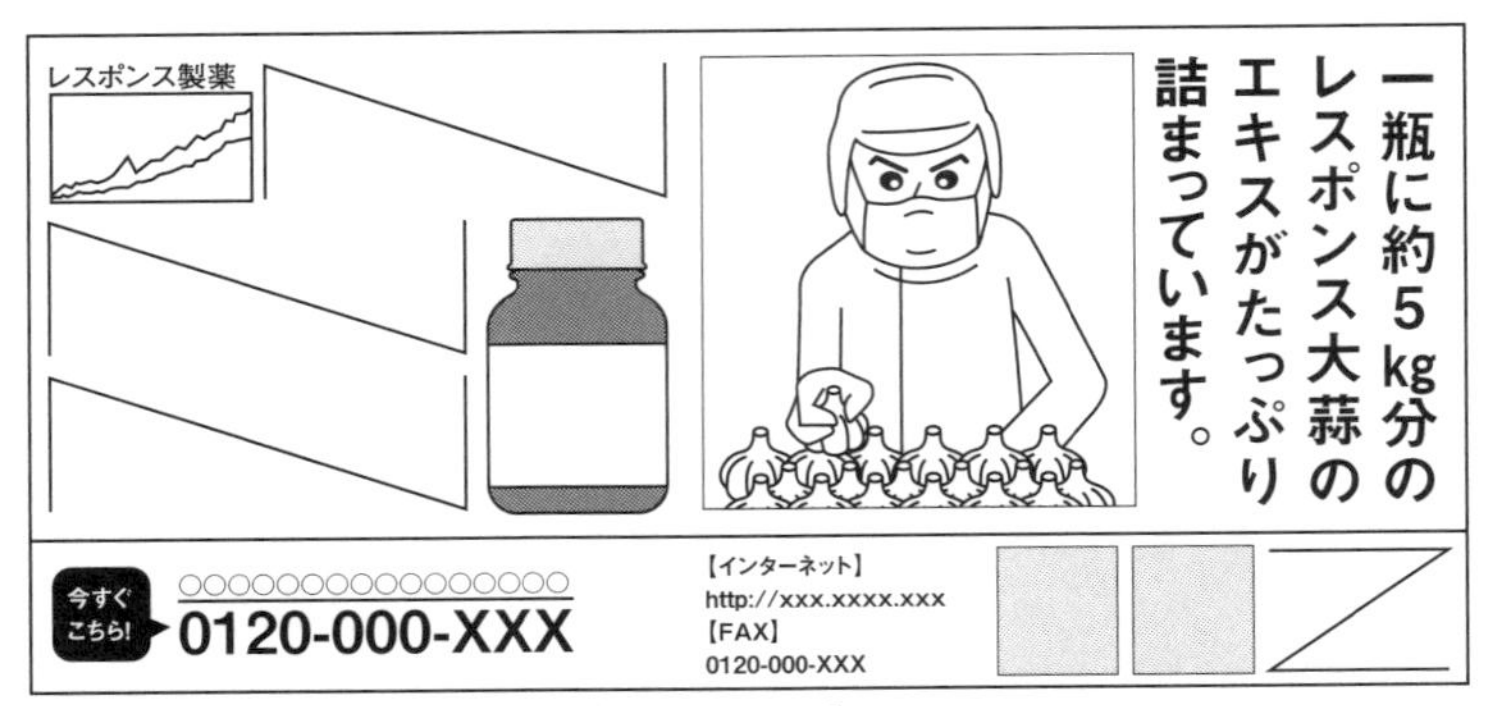

写真に“ヒト”が入ると、真剣、実直、丁寧…
のような“情的”なイメージを感じさせる。

す！という考え方もアリだと思います。たまに、ラフスケッチをPCで描こうとする人がいますが、一見きれいに思えても、要素を並べただけのメリハリのないレイアウトになるケースが目につきます。ここは**初心者ほど「手描き」にこだわったほうがいいと思います。**

僕のラフスケッチは、本当に「ラフ」です。たとえば「こんな写真が欲しい！」という要望も下手な絵でスケッチしますが、何かを覗き込もうとしている人の首が異様に長かったり、ビックリしている人の顔は漫画のように目玉が飛び出していたりします。強調したい見出しを幾重にもなぞって描くから文字の輪郭はギザギザだし、空いたスペースには、引き出し線で「見出しと写真を固まりで見せたい！」とか、「どうしても入らなければ3番目の写真を外す！」などの書き込みがあり、紙はもう真っ黒です。決して「キレイ」でも「精密」でもありませんが、デザインは自分の想像どおりか、それ以上の出来栄えで上がってきます（デザイナーの腕かもしれませんが…）。始末はきちんとその道のプロがやってくれますから、**ラフは体裁より「指示」の内容や、その「優先順位」を具体的に伝えることを心がけます。**

ここまでラフスケッチのことを書いていて、ある言葉を思い出しました。コピーライターの仲畑貴志さんの会社、「仲畑広告制作所」の社訓（？）の一つにあった、**「つべこべ**

言わずに版下で！」という一文です（今もあるかはわかりません）。

「版下」とは、アナログ時代に印刷フィルムを作る際に使われた紙の台紙のことで、当時はデザイナーが、「バラ打ち」された写植文字や図表を、スプレー糊とピンセットでここに切り貼りしていました。「つべこべ～」のフレーズには、フィニッシュワークに集中するデザイナーの仕事に対する責任感と緊張感を感じます。と同時に、その寸前まで喧々囂々やり合っていた、傍らのコピーライターたちとのチームワークを感じます。つまり、一流のクリエイターをして、あーだこーだと言い始めるとキリがない。デザインの最終的な仕上がり具合は、実際の版下をいじって決めるしかないのだ！というわけです（勝手にそう解釈してます）。

ラフスケッチは、その喧々囂々の叩き台であり、いいものを作るために集うスタッフたちの拠り所です。クリエイティブのチームリーダーであるあなたは、まず自らのラフを提示し、それをもとにスタッフたちの意見を引き出し、集約して、その先へ進みます——

【17時限目】編集デザインは、読み手の目線を「誘導」するもの

同じ広告デザインでも、ポスターやイメージ広告の「グラフィック系」の場合は、デザインそのもののセンスやインパクトが問われます。そのため発想の奇抜さやオリジナリティーが求められますが、「エディトリアル（編集）系」のデザインは、読者の「ガイド役」として機能させることが大切です。

雑誌や新聞などを読むとき、読者が文章をたどる目の動きは、タテ組みなら右上から左下へ、アルファベットの「N」の形のように流れます（図4-②）。ヨコ組みなら左上から右下へ「Z」の流れになります。長いボディコピーは、この導線に沿って段組みを組んで流し込みます。読み手がスムーズに読み進められるように、写真の置き位置を工夫したり、途中に罫線を引いたりしながら、読み終わりまでの視線をコントロールするのが「編集デザイン」の役割です。

配慮するのは「読みやすさ」ばかりではありません。本文の内容と、それを補うビジュアル（写真、イラスト、図表など）が、なるべく近い位置に来るように調整して読み手に「理解しやすく」します。なかなかうまくいかない場合もありますが、ここがズレてしま

編集デザインの「N」と「Z」ってなんだ？　（図４－②）

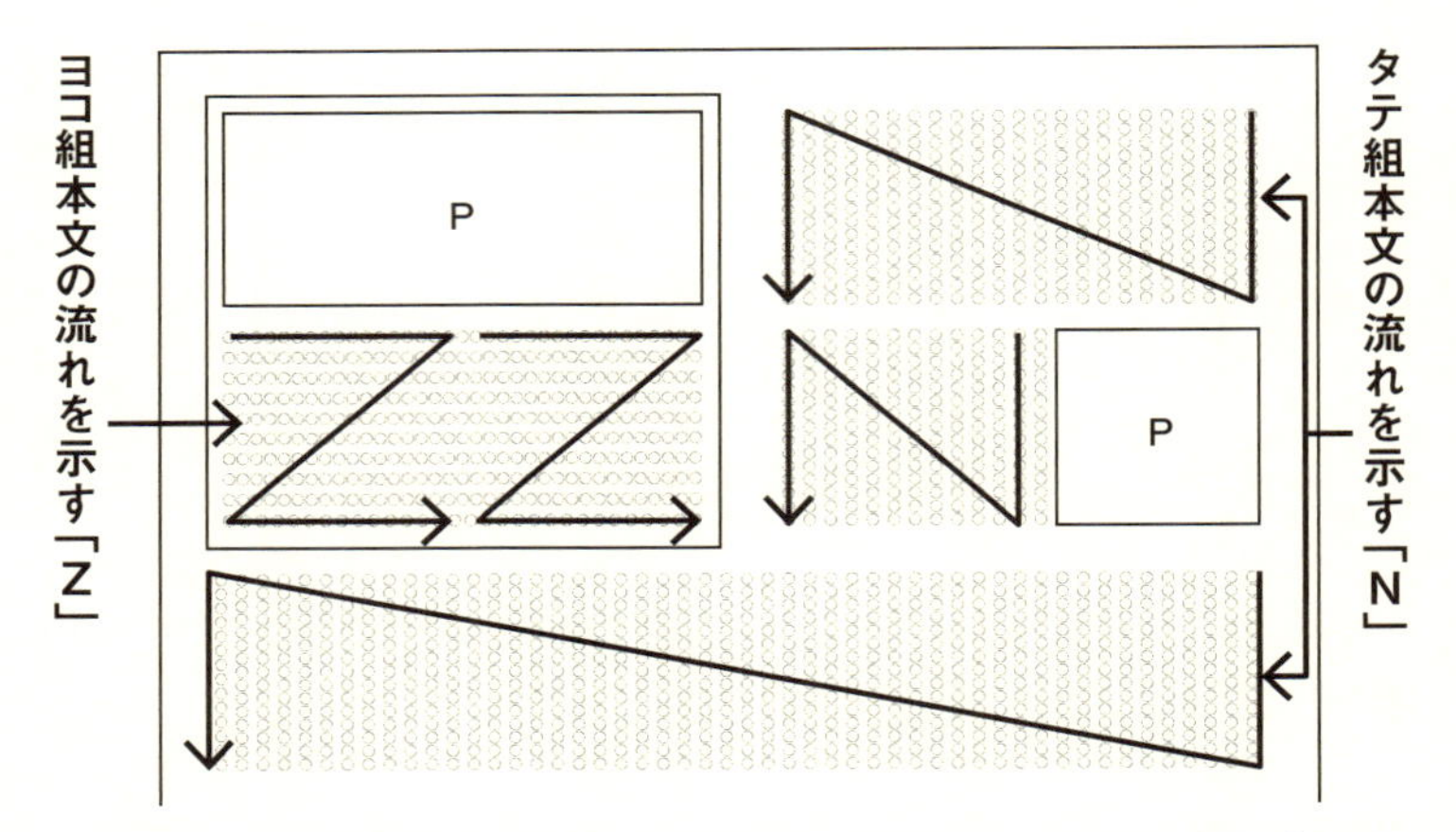

制作物のレイアウトを指示するとき、ボディコピーの流れを示すのがＮとＺです。DTP全盛の今では目に触れる機会が減りましたが、「割付」の原理をうまく表した記号です。このあとの解説でも使います。

うと読者の印象が半減してしまいます。バスガイドさんが「ここから3キロ先にスカイツリーがあります！」とアナウンスしても、そのとき、目に見えていなければピンときませんよね。通販広告は「一発勝負」ですから、伝える要素は「文字」と「ビジュアル」の合わせ技で、一つずつ確実にインプットさせるように「機能」させたいのです。

広告のレイアウトで最も大切なこと。それは「ヘソ」を作ることです（図4－③）。通り過ぎようとする人を立ち止まらせる、一番「目立つ部分」と言えばいいでしょうか。雑誌記事の場合なら導入部がヘソです。読者はその記事を読むかどうか、最初のタイトルとメインビジュアルを見て1秒以内に決めるのだそうです（かつて僕が通った編集スクールの先生が言ってました！）。

一枚物の広告の場合、ヘソは必ずしも導入部でなくてもかまいませんが、「ヘソなし」はダメです。広告のどこか一ヶ所に「目に留まる」部分を意識的に作らなくてはなりません。ヘソがないということは、読み手が立ち止まらないのですから、そのままスルーされてしまいます。要素が並んでいるだけのメリハリのないレイアウトになっていないか？　必ずチェックしてください。ヘソは、「メイン写真」と、それを受ける「キャッチフレーズ」のコンビネーションであることが多いので、そのコピー&写真が「固まり」とし

まず目がいく情報の「固まり＝ヘソ」をつくる　（図4－③）

レスポンス広告にもアイキャッチが必要。素通りしそうな"顧客"を呼び止めるには、
コピーとビジュアルの合わせ技が有効です。

写真＋コトバで「固まり」をつくって、瞬間的に読み手の「知と情」を刺激する。

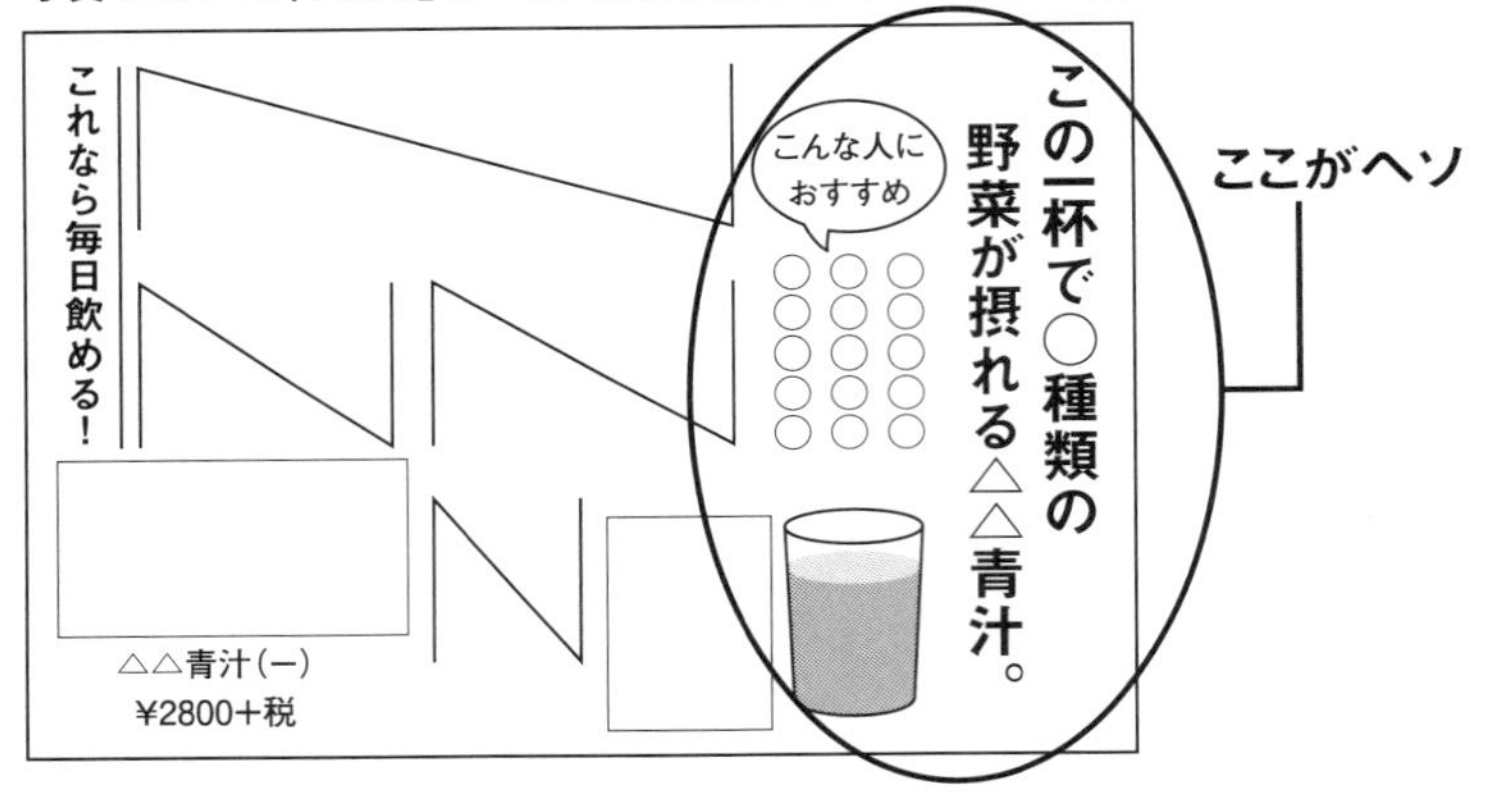

要素がバラバラで「ヘソ」がない。読み手の視線が定まらない！

てくっきりと浮き出して見えるようになっていればOKです。いたずらに「吹き出し」や「短冊風」の短いキャッチフレーズをあちこちに貼り付けると、どんどん「ヘソ」が埋没して目立たなくなっていくので要注意です。

広告中で「ここを目立たせたい！」というとき、罫線で囲んだり、色を重ねたり…と、つい何かをプラスする発想をしてしまいがちですが、逆にホワイトスペース（白場）を使って目立たせる手法もあります。たとえば新聞記事のレイアウトには、「大見出し」の左に置く「袖見出し」の頭を下げて配置する「チドリ」という技法があります。左側の見出しの上に「空間」があることで、タイトルの優先順位が感覚的にわかり、2つの見出しがそれぞれ独立して目に入ってくる効果があるのです。

新聞の伝統的なレイアウトには色々なヒントが隠されています。一面の下に3段8列に並んでいる「三八（さんやつ）」の書籍広告は、活字（明朝とゴシックの2種類）と罫線しか使えず、斜体や平体もダメ。曲線もダメ。スミベタも白抜きもダメ、とダメダメづくしのルールの中で作られています。むやみに飾り立てず、白場に文字を際立たせる「引き算」のレイアウト手法が学べるし、大見出しに対する小見出しや本文の大きさのバランス（ジャンプ率）の参考にもなります。

ほかにも、新聞割付の用語には面白いものがあります。「飛び降り」「飛び越し」「腹切り」というものもあります。これらはいずれも何やら物騒な感じですが、段組みレイアウトで「やってはいけない」とされるタブーを表すものなので、理にかなったネーミングではあるのです（図4-④）。まぁ、このあたりはデザイナーさんの領域かもしれませんけど、興味のある方は調べてみてください。用語の意味を知ったうえであらためて新聞紙面を確かめると、きっと「なるほど！」と思えます。

最後に、誌面の「文字率」についてです。これは誌面全体の面積に対して文字が何割を占めるかを表す値で、たとえば雑誌の場合などは、見開き単位で7（文字）：3（写真、白場など）、あるいは6：4くらいの割合が安定するとされています（ビジュアル誌の場合は逆）。先ほど、読み手はその記事を読むか読まないかを1秒で決めると書きましたが、その判断の中には、この文字率も含まれているのだそうです。

厳密な割合（7：3）にこだわる必要はありませんが、あまりに文字がびっしり！では、その時点でウンザリされます。それを防ぐために、途中に「小見出し」をつけたりしますが、それより影響が大きいのは「字詰め」です。

飛び降り？ 腹切り？って、どんな意味？　（図４－④）

飛び降り

読み始めた本文が、次にどこへつながるのかわかりづらい。本文の段変わりは必ず1ℓでもいいから重ねる。

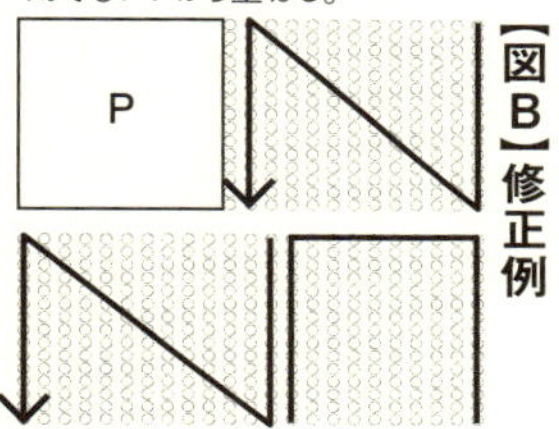

【図B】修正例

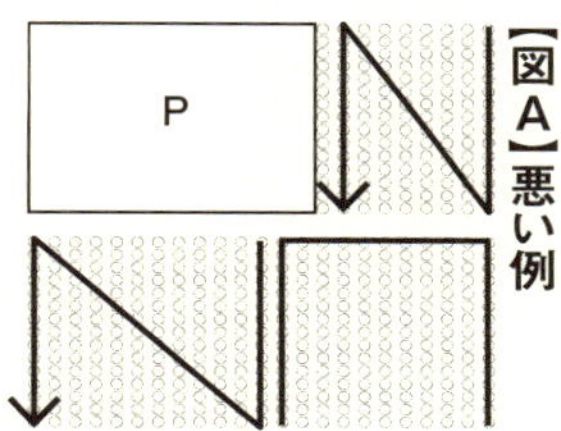

【図A】悪い例

飛び越し

写真などを飛び越えて読ませるもの。図Cがそれです。図DのようにすればOKです。

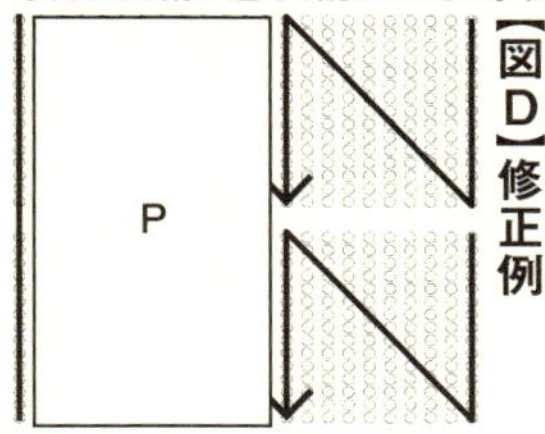

【図D】修正例

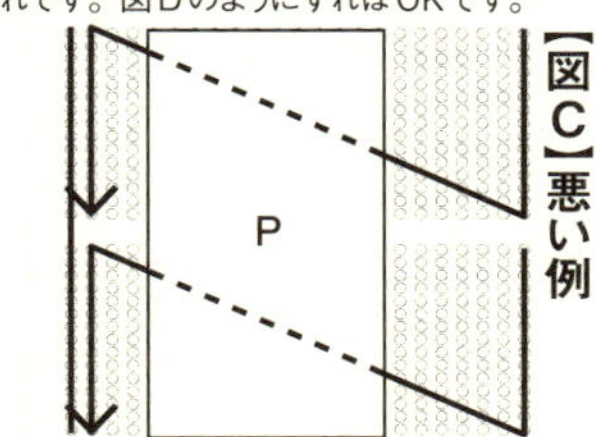

【図C】悪い例

写真やイラスト、図表などをまたいで本文をつなげようとすると読みづらい。特に２段目以上になるとどこへ行っていいかわからない。

腹切り

図Eのように、段と段の間が右から左まで何にもぶつからない状態。誌面が上下で分断されたような感じになって文字組みの“流れ”が失われてしまう。ただしこれは新聞型の場合のタブーで、雑誌型のように本文の段数が少ない場合には、あまり問題になりません。

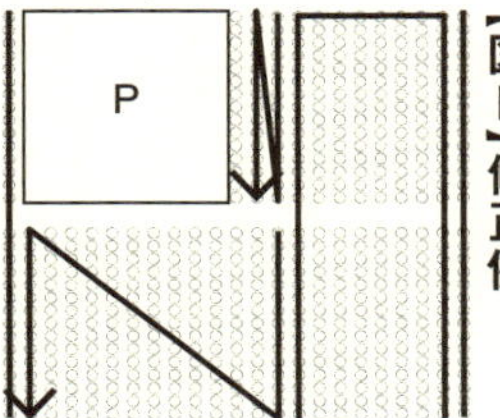

【図F】修正例

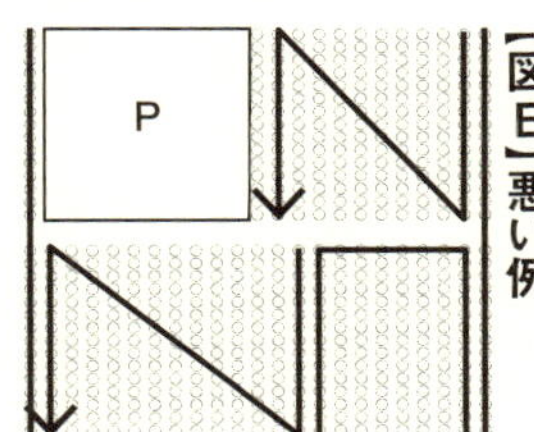

【図E】悪い例

基本的に本文の字詰めは長くならないようにします。タテ組みなら、新聞や雑誌のフォーマットに合わせて13〜20文字で段組みするケースが多いですね。これは記事風に読ませる意味もありますが、実際には読みやすさのためと言っていいと思います。

気をつけたいのはヨコ組みの場合です。日本語ではヨコ組みの段組みの習慣が少ないので、安易に一段のまま組んであるのをよく見かけますが、字詰めが30文字を超えるとだんだん読みづらくなってきます。特にウェブ媒体ですが、画面の左右いっぱいの字詰めで文字組みされたデザインを見ると、とても読みづらくウンザリします。両側に余白をとったり、デザインフォーマットを2〜3カラムに分けるなどして、本文の字詰めを制御することをおすすめします。

「編集レイアウト」の効果手法は突き詰めるとキリがありませんし、一つの正解があるわけではありません。でも、施すのとしないのとでは効果がまるで違いますし、ある程度「セオリー」があるものなので身につけやすいと思います。あなたの本業がデザインでなく「コトバ」でも「プログラム」でも、知識を持つだけで、情報をわかりやすく設計するのに役立ちます。スタッフへの指示やチェックの精度も高まりますしね。

第5章

今の時代、ネットのことにも触れておかなくちゃ

【18時限目】ネット通販がカタログ通販を追い越したというけれど

今や通販といえば、ネット通販を思い浮かべる人が増えています。若い層ばかりでなく、これまでカタログ派が多かった40歳代以上の主婦層などにも、ネット通販へシフトする傾向がうかがえます。僕はどちらかというとアナログメディア歴が長いわけなんですが、世の中の潮流を見れば仕方ありませんね。

でも、**このままアナログのカタログ通販は衰退の一途かといえば、そうではない**と思います。ネット通販でよく買われる商品は、パソコン、家電、AV機器、カメラ、ゲーム、書籍などのスペック（仕様）買いです。一方、衣料品、靴、カバン、アクセサリーなど、趣味的な商品については、まだまだカタログ通販が健闘しています。

これは、カタログ通販の「媒体」としての強みを表しているのだと思います。カタログは一度手に取ればしばらくの間、ふと目の届くところに置かれ、ちょっと時間のあいたときにパラパラとめくる、といった感じでリビングの日常シーンに溶け込んでいきます。その昔、「○○○は1冊の百貨店♫」のＣＭが流行りましたが、いつでも家の中に「店」がある状況です。購入商品について友人や家族に「それ、どこで買ったの？」と聞かれれば、「○○○よ♪」とカタログや会社の名前で答えるでしょう。ところがネット通販の場合は、「アマゾンで買った！」とか「楽天で見つけた！」とか、ショップ名ではなくモールの名前で答える人が多い。つまり、**商品を「どの店」で買ったかという意識が希薄**なんですね。

そのうえ、Eコマースサイトの顧客は一般に、飽きっぽい、疑い深い、そして、なぜか急いでる（笑）と言われます。何しろネットの情報は膨大なので、次から次へとサイトを渡り歩く。やっと気になるモノを見つけても買い物カゴにキープしたまま、たくさんのレビューを読んで評判を確かめる。それでも「もっと良い商品があるんじゃないか？」とさらに別サイトへ出かけて行く。そもそも商品の説明ページを開いても、じっくり読むことはしてくれず、タイトルと出だしの数行を読んだら、残りはヨコ組の文章をタテに追うようなナナメ読み状態です。

そもそもネット通販での買い物は、欲しい商品が決まっている場合に、それがどこで安く買えるかと探したり、似た物の中から気に入ったメーカーやデザインの物を選んだりと「検索」によって絞り込んでいくパターンが主流です。最初に打ち込んだキーワードに基づいて表示される候補の中から目的に合いそうなサイトをクリックするわけですが、そもそも表示結果は自分の意思とは関係なく選ばれたものだし、ユーザーは最初から「ショップ」ではなく「商品」をダイレクトに探しているので、少しでもイメージと違えば、すぐに検索ワードを変えて別の店（サイト）へ行ってしまいます。

つまり、Ｅコマースサイトは特定の商品を探す「ツール」として使われているのであって、**ネット通販の「好調」は、ＩＴインフラやアプリケーションの進歩に支えられたもの**と言えるでしょう。ネットショップは、ブログやツイッター、フェイスブック、ＬＩＮＥ、インスタグラム…、と増え続けるツールの有効活用に大忙し。ユーザーの検索に対していかに有利な表示結果を得るか、そのしのぎ合いに余念がありません。最終的に商品の情報を伝えるページ（ランディングページ）の作り込みまで手が回らないのか、一部のＥコマースサイトを除けば、**売り場としてのたたずまい＝エンタテイメント性はカタログに追いついていない**と感じます。

ネット通販の今後の課題は、売り場の「媒体化」だと思います。顧客をショップに導くためのＳＥＯ対策やターゲティング広告などはそれなりに有効ですが、キーワードやアクセス履歴を機械的にマッチさせたところで、行き着いた先のページ（売り場）に楽しさや説得力がなければ購入はされません。もともと、買うことを前提に探される商品しか売れないのでは、せっかくのネット通販の伸び代も限定的と言わざるを得ません。

「媒体化」といっても、ネット上にカタログ誌面のようなページをたくさん作るといったことではありません。**内容を「情報の価値」で勝負するコンテンツに変えるということ**です。検索によるアクセスの獲得に固執するばかりでなく、自らが情報を提供するサイトを備えてユーザーを立ち止まらせる、そして、あちこちの売り場を「回遊」させる楽しい店＝メディアにする。さて、そのためには次なるワード、「コンテンツ」と向き合わなければなりません。

【19時限目】ネット通販における「売り場情報のコンテンツ化」とは？

そもそも「コンテンツ」とは何でしょうか？　あらためて問われると曖昧な感じです。企画？目次？項目？情報？　あまりにも領域の広い言葉になってしまって、なんだかわかるようでわからない。コンテンツの語源は、「内容」とか「中身」という意味の英語です。最近では、ゲームや音楽そのものをコンテンツとして表記しているのをよく見かけます。たとえばコンテンツビジネスといえば、情報の「中身」でビジネスを考えましょう！ということですね。何を今さらと思うかもしれませんが、**現状のネット通販ビジネスには「コンテンツ＝中身」が足りないのでは？**と問われれば、そうかもしれないと答えざるを得ない面があります。

たとえば、通販サイトの検索窓に「フィットネス」と打ち込んだとします。すると、たちどころに腹筋座椅子やウォーキングマシンといった商品情報が無数に現れるでしょう。その一つをクリックすると、詳しい説明ページにジャンプします。その商品説明ページこそが「コンテンツ＝中身」です。しかし、商品の機能、大きさ、材質、形などが詳しく書かれていたとしても、そこにはきっと足りない要素があるはずです。それは閲覧者の脳に与える「刺激」（久しぶりに出てきました！）です。

閲覧者は、フィットネス道具を探しているわけですから、たくさんの商品ラインナップが現れればひとまず満足するでしょう。商品の説明もあるわけですから、他の商品と比較しながら自分の欲しい商品を絞り込んでいくでしょう。

しかし、これが販売目的ではない一般の情報サイトの「フィットネス特集」ならどうでしょう？　おすすめ商品と同時に、マッチョなインストラクターが効果的なトレーニング方法をレクチャーしたり、モニターを使ってビフォーアフターを紹介したりと、単なる商品説明に終わらず、読み手に「へェ〜」とか「ナルホド！」と思わせる、その先の要素が必ず盛り込まれているはずです。**情報サイトにとっての「商品」は、いわば情報自体**であり、「読む」ことに価値を伴わせないとならないからです。情報の価値は、閲覧者を楽しませる、考えさせる、感動させる、びっくりさせる、学ばせるなど、さまざまですが、いずれの場合も、まずは読み手の脳に「刺激」を与えることから始まるのです。

あなたは通勤電車の中で何をする派でしょうか？　**本を読む**。実用書にせよ小説にせよ頭を使いますよね。スマートフォンで「**ヤフトピ**」をチェックする。これも、新しい知識を得る、という刺激です。車内には**週刊誌の中吊り広告**があります。内容の真偽はさておき、想像をかき立て読んでみたいという見出しが並んでいます。車内のドア上では、動く掲示板が「**まめ知識**」をクイズ形式で流しています。時間しのぎに頭の体操をどうぞ、というわけです。これも立派なコンテンツです。難しい設問はありませんが、つい答えを待ってしまいますよね。これらの情報の内容や形式は、退屈な時間を紛らすために、観る側、読む側に**脳ミソを使わせるようなクリエイティブや仕掛け**が備わっています。

一方、ネット通販の商品情報はどうでしょう。電車の中でネット通販の商品説明に夢中になっている人がいるとしても、それは、その商品自体に興味があるからでしょう。いくら時間を持て余しているからといって、関心のない商品のコピーを読み続ける人はまずいません。興味のない商品の説明文など、退屈（脳が刺激を受けない）で、時間つぶしにもならないからです。

これが**コンテンツ情報とそうでない情報の違い**だと思います。

もともとネット通販は商品数が膨大になるため、末端の情報ページはスペックの羅列のようになりがちです。同時にユーザー側も、ネット通販には商品種類の充実や、セキュリティ、ユーザビリティなどを主に求めてきたので、説明コピーに「刺激」などなくても成立してきました。そうした両者の予定調和が、現状のネット通販の「限界」を作っているのだと思います。正確であればよい、要素がソツなく記されていればよいという発想で書かれる機械的な文章に対しては、「読む」というより、必要な断片情報を「探す」作業になります。情報が見つかれば作業は完結し、そのかわり読み飛ばした内容のほとんどは頭に入っていません。ちょっと極端ですが、これまでのネット通販の商品説明ページの多くは、**読まれるのではなく、探されるだけのデータベース**になっていたのではないでしょうか？

情報の読み手は、内容から受ける刺激によって記憶を深めたり、それを他人に伝えたりします。その結果として、情報の中身が外へ伝播していくのです。サイトへの集客や他メディアへの接点を増やしても、読み手側が能動的に行動を起こさないと情報は広まるものではありません。そのためには**商品の「説明情報」自体に、読み手を刺激する仕掛けを施さなければならない**のです。では、その「仕掛け」とはどういうことか？　具体的に考えてみましょう。

【20時限目】コピーに「気づき」を盛り込んで、商品を記憶させる

ひと昔前なら、商品の機能を説明するだけで、コピーに「刺激」が備わった時代もあったかもしれません。

たとえば、バランスチェア、成長イスのような「子供用のイス」を例に挙げてみます（図5－①）。

ずいぶん前の話ですが、座面と足置きの位置が段階的に変えられる成長イス、身体を座面と膝で支える構造で良い姿勢が保てるバランスチェアなど、いくつかのコンセプトのもと、それまでにはなかった珍しい「子供用の機能イス」が輸入販売され始めました。情操教育に熱心なヨーロッパの国々が開発した「発明品」である…とか、長時間座っても疲れにくく現地の多くの小学校で採用されている…といった、ありのままのプロフィールを紹介すれば、その内容自体が「刺激的」でした。しかし似たような廉価品が量販店やディスカウントショップにも並んでいる今となっては、ほとんどの消費者たちにとって、そうした子供イスがあることは周知のことです。つまり、どこにでも売っているありふれた商品

子供用のイス　　（図５－①）

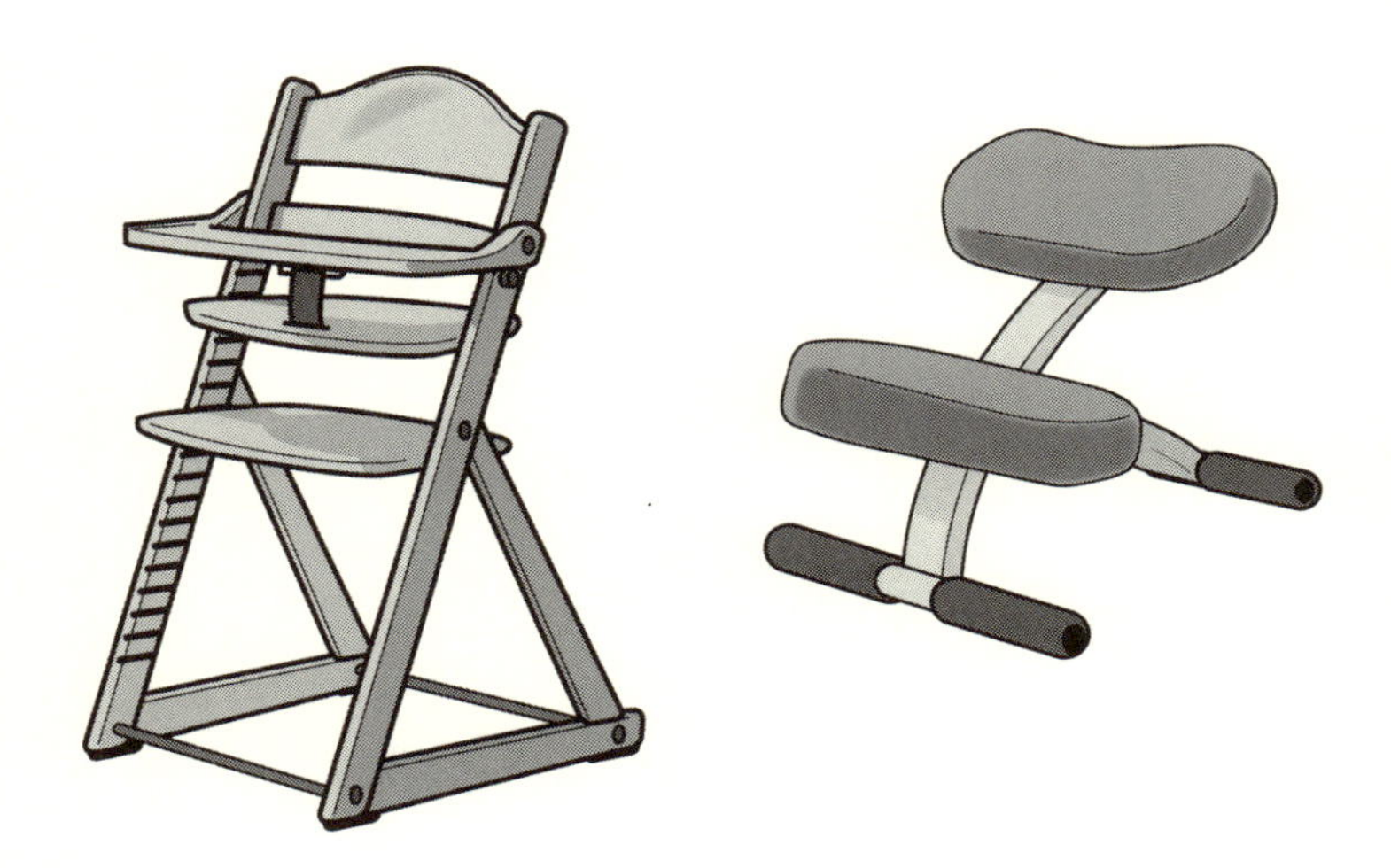

になってしまったのです。単に商品を説明するだけでは読み手に刺激を与えられません。同じような理由で**多くの通販商品は陳腐化し、その説明コピーは「取説化」してしまう**のです。取扱説明書はあくまで商品の付随物であり、自らが刺激を発信する「コンテンツ」とは言えません。

商品自体、あるいは説明コピーから消えてしまった「刺激」を取り戻すにはどうしたらいいのか？　一番オーソドックスなのは、**商品コピーに「気づき」を仕込むこと**だと思います。

たとえば、子供イスのコピー中に**「小学生の低学年時は、リビング学習のほうが安心できて集中力が高まる」**という専門家のアドバイスを入れてみてはどうでしょうか。続けて、**「～リビングに置く時期があるかもしれないから、家族みんなの居間と子供部屋の両方にマッチする素材やデザインを選ぶ」**ことをアドバイスしてあげる。「リビング学習」の言葉を知っていても、素材やデザインにまで気を回す人は少ないのではないでしょうか。「へェ、子供のイスもリビングをチェックして選ばなくちゃならないんだ！」と気づかせる、これが読み手への刺激になるのです。

もう一つ、子供つながりで収納バケツ、ランドセル棚のような棚があります（図5－②）。これは僕自身がある育児用品カタログで読んだ「気づき」です。小さな子供の部屋を作る時には「お片づけ」を段階的に覚えさせる収納家具選びが大事なのだそうです。**幼児期には、散らかったものを何でもポンポンと投げ込める「ゴム製の収納バケツ」を置いて、床に物を置きっぱなしにしない習慣をつけ、少し大きくなったら「てっぺんにランドセルが置ける棚」で、物を定位置にしまうことを覚えさせる**のが有効とのこと。

このくらい細かなことでいいのです。要するに、**読み手が知らないだろう情報を商品に絡めて「教えて」あげる。**話のインパクトより、知ったときに他人に話したくなるような「意外性」や、ためになる「実用性」にこだわった内容が効果的でしょう。「収納バケツ」も「ランドセル棚」もホームセンターなどでよく見かけるアイテムです。何か引っかかる情報がなければ、「あ〜、よくある商品ね」とスルーしてしまうでしょうが、「気づき」を与えることによって、読み手の脳は、「リビング学習＋子供イス」、「片づけ教育＋（収納バケツ＋ランドセル棚）」の**複合情報として「商品」をインプットする**のです。

そして、もうひと手間。通販サイトにはたいてい「他の商品も見る」といったボタンで同類商品を一覧表示する機能がありますが、「イス」のページを見ているからといって、

収納バケツ、ランドセル棚　　　　(図5－②)

サイト内の「イス」をずらずら並べるだけではもったいない。せっかく「子育て世代」に共通して興味がありそうな「気づき情報」をちりばめたのですから、それらを含んだ商品を、まとめて表示するカテゴリーボタンも設定する。「子供教育」というボタンをクリックさせ、子供イスと一緒に、収納バケツやランドセル棚も表示すれば、親世代の閲覧者に「子育ての気づき情報」をたくさん読んでもらえるチャンスが増えます。他にも「習いごと」「お出かけ」「親と遊ぶ」といったカテゴリーを工夫して商品ラインナップを見せる。キーワードによっては、子供用品と一緒に親（大人）が使う商品も混ざって表示される、という構造を作ることで、関連する他商品をあわせて購入する「クロスセル」を促すことにもつながります。

個々の商品コピーに「気づき」の情報を盛り込んで読み手を刺激する。さらに、あえてジャンルの違う商品を一緒に表示するキーワードボタンを設定する。こうすることで、**閲覧者は必要な情報を「調べる」のではなく、コピーを実用情報として「読む」**ようになり、一つの商品をきっかけに他ジャンルの商品にも目がいくようになる。そしていつしか、「気づき」を得るために訪れる人が増えて、あちこちのページへ回遊するようになれば、**サイトが「データベース」としてではなく、情報サイトとして、つまり「コンテンツ的」に作用し始めた証左**と言えるでしょう。

【21時限目】動画系コンテンツばかりが、なぜモテる？

ＥコマースサイトのA売り場を「コンテンツ化」するための手法として、商品コピーに「気づき」を盛り込み、「気づき＋商品」の複合形の情報として読み手にインプットさせる。そして、その情報をたくさんの人に読んでもらえるように、あえて違うジャンルの商品を混ぜたカテゴリーボタンを設定する。これが前時限の内容でした。

コンテンツ化されていないＥＣサイトの多くは、一つ一つの商品情報が断片のまま収納されている「データベース的」な構造です。**紙媒体にたとえれば「辞書」のようなもの**でしょう。情報量は膨大ですが、手に取るのは言葉の意味を調べるときだけ。開いたついでに隣の単語も見てみようとか、ヒマだから他のページも読んでみようとはなりません。辞書の「情報」は、またいつか誰かに探されるまで、そのページにひっそりと佇んだままで、たくさんの人の目に触れることはありません。

そのようなデータベース構造を、**「メディア型」に変えることがコンテンツ化の第一歩**です。

商品情報の一つ一つを断片的な言葉の羅列ではなく、新聞の記事や雑誌の読み物のように「ストーリー」として読ませる。そのストーリーの中に「気づき」や「驚き」といった何らかの刺激を盛り込むことができれば、読み手は自然と他のページも読むようになります。刺激の強さによっては、クチコミされたり、メディアに転載されたりして、雑誌の中から飛び出して行くこともあります。このように情報を外に向けて拡散させることが「コンテンツ化」の大きなメリットです。

コンテンツといえば、「コンテンツマーケティング」というコトバが有名ですが、この議論でいつも感じるのは、**「コンテンツ」が置いてきぼりにされて、主役はいつでも「マーケティング」**だということ。集客ツールの設計とか、検索ワードのマッチングだとか表示順位とか、顧客と情報をいかにつなげるかといった技術的な話ばかりで、肝心の「コンテンツ（情報の中身）」の話がないがしろにされている！

ここは大事なところなので繰り返しますが、いくら導線をつなげたからといって、情報が勝手に動いて行くわけではありません。電話機が目の前にあっても、かけるのは「人」です。人がアクションを起こすかどうかは、そこにシェアボタンがあるかどうかではなく、情報の中身に「伝えよう」の意思が働くかどうかによるのです。動画系のコンテンツがシェアされやすいのは、誰かに伝えようと思わせる「刺激」があるから。つまり、**テキスト系コンテンツをシェアさせるには、サイトのインフラ整備などより、内容の刺激化を先行させるべき**だと思います。

ではここで、「テキスト系コンテンツ刺激化」作戦の一環として、ある事例を見てみましょう。つまらないはずの「辞書の語釈」が世の中に拡散されたケースです。

たとえば、辞書で「恋愛」を引いてみると、普通はこんな感じです。

れんあい【恋愛】：男女間の恋い慕う愛情。こい。（『広辞苑』第3版）

そのとおりですね。至極まっとうな語釈です。

ところが、三省堂が出版している『新明解国語辞典』の「恋愛」は、こうです。

れんあい【恋愛】：特定の異性に特別の愛情をいだいて、二人だけで一緒に居たい、出来るなら合体したいという気持を持ちながら、それが、常にはかなえられないで、ひどく心を苦しめる（まれにかなえられて歓喜する）状態。（第三版）

たしかにそうかもしれないけど、合体って。辞書にしては踏み込みすぎ!?と感じますよね。とても「刺激的」です。

まだまだ、あります。

じっしゃかい【実社会】：実際の社会。〔美化・様式化されたものと違って複雑で、虚偽と欺瞞とが充満する、毎日が試練の連続であると言える、きびしい社会を指す〕（第三版）

こうぼく【公僕】：〔権力を行使するのではなく〕国民に奉仕する者としての公務員の称。〔ただし実情は、理想とは程遠い〕（第三版）

どうぶつえん【動物園】：生態を公衆に見せ、かたわら保護を加えるためと称し、捕らえて来た多くの鳥獣・魚虫などに対し、狭い空間での生活を余儀無くし、飼い殺しにする、人間中心の施設。（第四版）

こうした「新明解」な語釈の数々は読者の間で話題となり、後に作家の赤瀬川原平さん（故人）が『新解さんの謎』（文藝春秋社）という本を出版したことをきっかけに全国的なブームとなりました。それぞれの「超訳」にはオリジナリティーがあり、辞書なのに饒舌！で、主観的！な表現に驚かされます。読めば他人に「話したく」もなります。ちょっと特殊なケースではありますが、辞書の語釈だって内容に「刺激」があれば、誰かが拾い上げて、ちゃんと広めてくれるんです。テキスト系コンテンツ組の皆さん、少しはヒントになりましたか？

【22時限目】「コンテンツマーケティング」から逃げるな！と言われて

本書の素となった連載コラムの中に、コンテンツマーケティングという言葉がチラホラ出てきた頃のことです。ある友人からメールをもらいました。某ＩＴ企業に勤める彼いわく、「**君のコラムは、肝心のコンテンツマーケティングの説明が中途半端だ。もっと定義づけをはっきりと示すべきだ。**逃げるな！」とのことでした。

決して逃げているつもりはないのですが、たしかに言葉足らずな部分があったのかもしれません。これほど世間で「流行って」いるキーワードなんですから。

というわけで、もう少しだけコンテンツマーケティングについて深掘りしてみたいと思います。

実はコンテンツマーケティングの定義というのは、生まれ故郷のアメリカでも、まだ厳密には確立されていないのだと思います。もちろん専門家や書物によってさまざまな定義が著されていますが、そのほとんどは漠然としていて、日本とアメリカでの解釈が少し違う部分もあったりで、**「はっきり」とした共通定義を作るのが難しい状態**です（そのあたりまで踏み込むと本が一冊書けてしまうでしょう）。

でも、そんなことを言っていると、また彼からメールが来ちゃいそうなので……。

「コンテンツマーケティング」は、さまざまなマーケティング手法を包括した概念と言っていいでしょう。たとえば、街の花屋さんの店主が「ブログ」を立ち上げて、そこに毎週、花にまつわる「記事」を掲載するようになったら、だんだんアクセスが増えて来店する「お客さん」も増えてきた。これもコンテンツマーケティングです。**「情報」を「ITコンテンツ化」して「多くの人」に広めよう！が基本的な考え方**です。

その後、スマートフォンやタブレットのような機器が普及し、ツイッターやフェイスブックなどのＳＮＳが興盛してくるにつれて、インターネット広告の世界（アドの世界）

ではさまざまなメニューが生まれました。このあたりからだんだんとややこしくなってきたんですね。メディアの種類や広告表示のフォーマット、クリックしたときの挙動など、さまざまな形式の違いによってメニューが細分化され、今も現在進行形で複雑化していきます。広告会社に「コンテンツマーケティングを始めたい」と言っても、業種、目的、顧客ターゲットなどの条件に照らして、数ある施策の中から適したものを「選ぶ」ような買い付けになります。文字数に限りがあるため、広告メニューのすべてを挙げるわけにいきませんが、詳しくは専門サイトで調べていただくこととして、ここでは、**今、「旬」と言われる「バイラル」と「ネイティブ」の手法**を取り上げます。

ウィキペディアにはこうあります。

バイラル・マーケティング（英：Viral marketing）とは、口コミを利用し、低コストで顧客の獲得を図るマーケティング手法である。情報の広まり方がウイルスの感染に似ることから、「ウイルス性の」という意味の「バイラル」の名を冠している。

出典：ウィキペディア日本語版「バイラル・マーケティング」より。アクセス日付２０１７年12月13日

現状のバイラルメディアの多くは、特定のテーマに沿ったコンテンツを収集・配信する

「キュレーション・メディア」の形をとっています。いわゆる「まとめサイト」ですね。クチコミしやすいコンテンツを並べ、目立つところに**フェイスブックやツイッターなどのソーシャルボタンを配して閲覧者に拡散を促します**。アメリカで爆発的な人気を集めている「BuzzFeed」というサイトは、２００６年のスタート当初、「笑える動画」（動物ネタなど）を中心に配信していました。ところが最近では政治やニュースの記事にも注力するようになり社会的にも大きな影響力を持つ媒体に育ちました。現在はグローバルで月間1億以上ものページビューがあるそうです。

そして、この「BuzzFeed」の収益源のほとんどを稼ぎ出しているのが、サイト内に掲載されている「**ネイティブ広告**」です。ネイティブ（native）とは「自然の」という意味で、**メディア本来のコンテンツと広告を、自然に溶け込ませるように表示する手法**です。一見して広告とわかるバナー形式と違い、広告をあえて一般の記事やコンテンツと同じフォーマットで表示するのです。よく、ポータルサイトの記事のまわりに「おすすめ情報」とか「関連記事」と記されたものがありますよね。ほかにも、グルメサイトの検索結果に実際の「ユーザー評価」とは別の「お店情報」が表示されたりします。それもネイティブ広告の一種です。いかにも「売りつけ」ようとする露骨なディスプレイ型の広告より、メディアに寄り添った感じで伝わる分、抵抗なく受け付けてもらえるだろう…というわけです。

クチコミさせることが前提の「バイラルコンテンツ」の中に、まぎれ込むように「ネイティブ広告」が潜んでいる…と言うとなんだか姑息な手段のようですが、そこは、記事と広告が混同されないように、小さく「広告」とか「ＰＲ」の文字が入っていて区別できるようになっています。宣伝であることを隠そうとするステルスマーケティングとは違います。

また、**ネイティブ広告って「記事広告」のことでしょ?**と思い込んでいる人がいますが、イコールではありません。

「記事広告」は、その名のとおり**新聞や雑誌の記事体（サイトも含む）を模した体裁で作られた広告**のみを指します。これに対し、ネイティブ広告は、**掲載メディアの通常の記事と同じデザインや機能で表示されていること**が要件の一つ（インターネットアーキテクチャ委員会で定めた６つの分類と６つの評価軸がある）となっているため、ニュースを扱うメディアに載る場合には、結果的に「記事広告」になることもある、ということです。

ですから、要件さえ満たしていれば「おもしろ動画」も「クイズ」や「ゲーム」もすべてネイティブ広告に含まれます。体裁もさまざまで、写真＋テキスト、動画のみ、テキスト１行だけの型だってあります。そうそう、あのヤフーやグーグルの「リスティング」だってネイティブ広告の仲間です。

このように、コンテンツマーケティング自体がまだ成熟途上（というより勝手にどんどん成長してしまう）であるだけでなく、「定義」があっても、運用する側の認識や解釈が追いついていないケースもあります。僕ももうしばらく勉強を続ける必要がありそうですが、いずれにせよ、情報（コンテンツ）を、自然（ネイティブ）に、クチコミ（バイラル）で拡散できるというこの手法は、業界にとって、バナーとリスティングの次にやっと探り当てた期待の「鉱脈」です。さっそくずんずんと掘り進めたいところですが心配もあります。それは、掘れば掘るほど**広告と記事の違いがわかりづらくなっていくこと**なのです。

【23時限目】ネイティブ広告の「記事広告コピー」を変えなくちゃ！

前項の最後に書いたように、ネイティブ＆バイラルに象徴されるマーケティング手法は、総じて**記事と広告のボーダーラインを見えづらくしていきます**。これは今後のコンテンツマーケティングを考えるときの重要なポイントであると同時に、ネット以外の通販広告にも大きく関わってきます。

記事と広告のボーダーラインには二つの側面があると思います。一つは、同じページの中に記事と広告が混在しているため区別しづらいというユーザー側からの視点。もう一つは、クリック後に読ませるページの表現（コピー）の問題。こちらは広告を作る側からの視点です。

ユーザー側と広告を作る側どちらの影響も受けやすいといわれる「記事広告」（制作がメディア側、広告主側どちらの場合も含む）を例に話を進めましょう。

まずは「区別しづらい表示」について。たとえば、新聞に通信販売の「記事広告」が掲載されているとします。5段、10段、15段（1ページ）などのスペースがありますが、どの場合でもタイトルの字体や本文の大きさや段組みなどを、周囲の一般記事と似せて、あたかもその新聞の記事のような体裁をとっています。いかにも「広告」だとスルーされてしまうので、**「記事」のように見せて立ち止まらせて「読んで」「信じて」もらおうというわけ**です。もとの発想は「ネイティブ」と変わらないですね。念のために「広告」の明示もあります。でも、それを確かめるまでもなく、新聞の場合は、記事広告を本物の記事と見紛うようなことはほとんどないでしょう。体裁がまったく同じというわけではありませんし、読者は長い経験から記事っぽい「広告」があることを心得ているからです。

一方、ウェブ上に「ネイティブ」として仕込まれる記事広告は、スペースや位置の「定型」がなく、各メディアごとの記事フォーマットと同じデザインで表示されるため、**ページの中で記事と広告が混ざり合って区別がつきにくい**のです。一応「広告」であることは明示されていますが、ユーザーはその表示をあまり気にせずにクリックしてしまいます。

そのためか、こんな調査結果があります。ネイティブ広告をクリックしたことがある448人（対象／スマートフォンを利用している10〜60歳代の男女1297人）に対して、**「騙された気分になるか」を聞いたところ、46・9％が「あてはまる」、30・4％が「ややあてはまる」と回答した**そうです（株式会社ジャストシステム「スマートフォン広告に関するアンケート調査」2014年7月1日発表より）。

導入する企業が続々と増えているはずのネイティブ広告に対して、およそ8割もの人が「否定的」な印象を持っているとは驚きですが、ウェブの場合、クリックでページごと遷移してしまうため、イメージと違うページに連れて行かれるとストレスを感じるのでしょう。制作側としては、クリック前に誘う「コピー」と、クリック後に「表示する情報」にギャップを感じさせない配慮が必要です。業界内では日本インタラクティブ広告協会（JIAA）が「ネイティブ広告」に関するガイドラインや定義を策定し、広告の責任の所在を明確にするために「広告であることの表記」や「広告主体者の明示」が必要と定めるなど対策を進めています。

しかし、こうした動きに、**記事と広告を「馴染ませる」のがネイティブ広告なのに、どうして「広告」の明示を強化するのか!とジレンマを感じる人**（主に制作側や広告主など）がいるようです。そこには、バナー広告などが低調の今、**「広告を、広告として見せたくない」**という広告人の複雑な心境が見え隠れしているのです。

どういうことか？　ここからは二つ目の「表現（コピー）」の問題です。

現状の記事広告を見て気になるのは、**形式ばかりの「記事マネ」になっているケースが多いこと**です。長めの文章と解説調の語り口で「記事」を装うあまり、商品の魅力をストレートに伝え切れず、まわりくどいだけの文章に終わっている広告……。これは、書き手が「広告は読んでもらえない」と思い込み、**できるだけ「広告臭」のない原稿に仕上げようと**したのでしょうが、結果が「ダラダラとした読み物風」では本末転倒です。従来の「広告的な」アプローチが通用しなくなってきているという意識の持ち方はいいのですが、**広告を記事のように「見せかける」ことが目的になってしまうと、肝心の「売りのキーワード」がコピーから抜け落ちます。**一般的に「ネイティブ広告は物販よりブランド認知などに有効である」と言われるのも、そんなところに原因があるのかもしれません。

そうかと思えば、ネイティブ広告は「クリックを稼ぐためにあるのだ！」と言わんばかりに、**記事調のタイトルから、いきなり押し売り感満載のランディングページに飛ばす**

ケースも見かけますが、これではせっかくの「ネイティブ」が活かされないばかりか、先ほどの調査にもあった閲覧者の「騙された気分」をあおることにもなりかねません。クリックさせる文言と、そのあとに表示する情報の内容は、きちんと整合させておくべきです。

「ネイティブ」な表示によって、広告が「クリックされやすく」なることは大いにけっこうですが、**最終的に「商品の販売」や「資料請求」など広告としての成果を上げるには、むしろクリック後のランディングページが大切**です。そのページの内容が「売りの抜け落ちた読み物風」や「これまでどおりの広告まるだし」では、ネイティブ広告も早晩、飽きられてしまうと思います。これまでの広告がクリックされなくなったのは、「広告」だからではなく、そこに役に立つ情報がないと期待されなくなってしまったからです。ここはぜひ、クリエイターの皆さんにもう一度、**広告屋ならではの「記事広告コピー」を研究してもらいたい**と思うのです。「ネイティブ」なウェブ上は、魅力のあるコンテンツさえ作れば、記事も広告も区別なく、読んでくれるしシェアもしてくれます。研究成果を試せる実践の場所としてもってこいの環境なのですから。

【24時限目】編集者になったつもりで「広告」を見つめ直す

本書は後半、すっかりウェブサイト専門のマーケティング論のようになってしまいました。友人からの一通のメールがきっかけでしたが、あらためてコンテンツマーケティングを考えるうちに、ある一つの思いにたどり着きました。僕が提唱したい「広告に編集のノウハウを！」は、そのまま「コンテンツマーケティング」の話じゃないか？と。

どういうことか？

本書の第1時限目のタイトルは、**「広告のコトバが、どんどん弱くなっている」**です。通販広告のコピーを念頭に書いたもので、「商品をホメてばかりいると、そのうち消費者がつきあってくれなくなるゾ！」という警鐘です。これは、ネット上のバナー広告が効かなくなってきたという「異変」に関係がありました。そして、同じ項にある「売る側として何を伝えたいか？より、読む側が知りたいことはなんだろう？と考える」は、もともとコンテンツマーケティングを語るときによく使われるフレーズです。

2時限目のタイトルは、**「商品コピーは一発勝負。読者を本気にさせろ！」**です。これは、情報を伝えるだけでなく、物語風にして「読んで」もらおう。ただし、長い文章を読ませるにはコツがあるよ！という話でした。

以下、3時限目以降のタイトルをコンテンツマーケティング編としてつけ直してみると、こんな感じです。

【3時限目】広告にルポルタージュ手法を合成させる
⬇商品の「説明」ばかりじゃ読み手にウンザリされちゃうよ。
【4時限目】アイドマの法則の「M」に注目してほしい
⬇インターネットが普及したからこそ、AIDMAの「記憶」に注目してほしい
【5時限目】一読で理解させる「知情一致」のテクニック
⬇パソコン画面上で感情を伝える文章技
【6時限目】あなたは本当にコピーライターなのか?
⬇ネット上のコンテンツでは、広告物と編集物の垣根がどんどん低くなっている
【7時限目】コピーを「話す」ように書いてみると…
⬇文章を「話す」ように書くと、ウェブサイトの長い文章だって読んでもらえる
【8時限目】心理学にコピーのヒントあり
⬇心理学を応用してボディコピーの説得力を増す方法
【9時限目】顧客ターゲットを狭めてコピーを書く
⬇読み手に合わせてコピーを書き分けられるのが通販のメリット
「リーチ」を獲得しても、肝心の「レスポンス」が上がらないときは…
【10時限目】「商品情報+取引情報=通販コピー」の考え方
⬇顧客ターゲットによって「取引内容」をカスタマイズする話

【11時限目】「安い」が通用しない時代の通販コピーとは？
⬇ネットショップは出店過多！　もう「安い」だけでは売れない

【12時限目】商品購入者のクチコミを誘発するには？
⬇シェアされる「商品クチコミ」は、こうして仕込む！

【13時限目】著名人インタビュー！　取材現場での注意点
⬇通販広告に「著名人」を起用する場合のインタビュー法

【14時限目】説得力のある＝売れるコメントの作り方
⬇通販コメントの「やらせ感」を払拭するために

【15時限目】「広告っぽい」言い方は、「政治家っぽい」言い方と似てる？
⬇「広告っぽい」言い方には、リアルさが足りない

【18時限目】ネット通販がカタログ通販を追い越したというけれど
⬇ネット通販の好調は、ＩＴインフラやアプリケーションに支えられたもの

【19時限目】ネット通販における「売り場情報のコンテンツ化」とは？
⬇売り場のコンテンツ化って、どうやるの？

【20時限目】コピーに「気づき」を盛り込んで、商品を記憶させる
⬇ネット販売で「クロスセル」させる方法って？

どうですか？

本書タイトルの「売れるボディコピー」は、主にカタログやDMなど印刷系のオールドメディアの通販コピーについて書き始めたものですが、気がつけばそのまま、**ネイティブ&バイラルなコンテンツ作りにも応用できる**内容になっていると思います。

なぜ、そうなるのか？

それは裏を返せば、**カタログやDMの通販広告にも「コンテンツマーケティング」が必要だ！**ということです。

そもそもコンテンツマーケティングは、誰に、どんな情報を、どんな風に伝えれば、わかりやすいか、面白いか…、を考える「編集」の概念で、「広告」を取り扱う手法だと思います。編集は新聞や雑誌などの活字媒体だけでなく、テレビや映画といった映像媒体でも昔から行われてきました。つまり、コンテンツマーケティングのノウハウは、ITやマーケティング分野の中ではなく、むしろ、オールドメディアを含めた昔ながらの編集の現場にあったとも言えるのです。

しかし、「広告のコンテンツ化」を手当てしないうちに、動きのめまぐるしいインターネット上では「バナー広告離れ」が起き始めてしまいました。これは「バナー」の形式が嫌われたというより、**「広告」そのものへの拒否反応**だと思います。その後ウェブ広告は一気に「ネイティブ広告」にシフトしました。「広告らしい姿では読んでもらえない！それなら記事っぽく変身してコンテンツ側へ潜り込もう！」というわけですが、これについては前述したとおり、せっかくクリックさせても、肝心の最終原稿（ランディングページ）が、形ばかりの「記事マネ」や、いかにも広告的な「押し売り」のケースが多くて、まだ上手に「変身」ができていない状況です。

一方、ネット以外の広告についてはどうでしょうか？　広告全体の出稿量は、ウェブ上のバナー離れほど顕著ではありませんが、新聞、雑誌の活字媒体はじりじりと低下しています。クリエイティブはといえば、こちらもイメージ写真や大きな見出しで価格訴求をあおるものが多く、読ませる「コンテンツ」といった感じではありません。新聞の記事広告も、見た目は「記事調」ですが、読み始めると文章はとたんに「広告調」になって冷めてしまう。そんな中、ふと視線を下げてみると、そこには**週刊誌の広告が。こっちのほうが面白いよ！**という人は多いと思います。限られた文字数で読み手をそそるタイトル！　寸止めで最後まで書いていないからなおさら気になる。読者を惹きつけるためのレトリック技術が駆使されている。そう、こちらは「編集者」の仕事です。

広告を読ませる――。これは今、アナログ、デジタルの媒体を問わず与えられた命題です。そのためには一度、**「広告頭」をリセットして、編集者の目線で広告を見つめ直す**

ことが必要だと思います。編集のノウハウに学ぶ広告のコンテンツ化、それをコンテンツマーケティングと呼ぶかどうかといった議論はひとまず棚上げにして、ネット広告も印刷媒体の広告も共に、その中身＝「コンテンツ」を根本から変える。技術的な施策＝「マーケティング」はそのあとでいい。そして、**そのコンテンツをつかさどる源は、まず言葉＝「ボディコピー」**なのだと思います。

【25時限目】売り場の「個性」にアクセスさせる買い物サイトを目指せ

最後になりますが、先述したように、ネットの世界では欲しいモノを検索して商品を探す「検索買い」が主流です。とすると、ネット通販サイトは客を待つ売り場としては機能しても積極的に「集客」はしない。売れるか売れないかは商品個々の魅力によるところが大きくなります。これをもっとコンテンツの力で「売れる」ようにするためには、サイト自体に個性を感じさせることが必要です。

たとえば「東京R不動産」というサイトがあります（提携した各地版もあります。「大阪R不動産」とか）。実際に物件の仲介をするサイトなのですが、そこに集まっている物件には、「倉庫っぽい」とか、「隠れ家的な」とか、ちょっとマニアックな要素が漂っています。さらに、それぞれの物件を紹介するページの文章は完全な一人称で、担当者の名前も入っています。その部屋に対する個人的な思いや感想、時には入居する人の職業や生活パターンなど私的なイメージまで書き込まれています。

そうした「個性的な物件」や「極私的な紹介ページ」の集合体であるサイトは、ほかの一般的な不動産サイトにはない世界観を感じさせることとなり、部屋を探すなら、まずあのサイトを覗いてみよう！となる。検索ワードは、「部屋 賃貸」ではなく、最初から「東京R不動産」となるわけです。こうなれば圧倒的なアドバンテージです。

このように、取り扱う商品一つ一つ、あるいはそれをまとめるサイト自体に運営者側の個性やポリシーが表現できると、固定ファンが集客できリピート率が格段に上がります。他のライバルサイトにはない差異を見つけ出し、どのように表現するか。

せっかく本書で「売れるボディコピー」が書けるようになったのなら、ぜひ興味を持ってほしいのが「メディアコマース」の概念です（図5－③）。

企業のブランディング＋販売の総合媒体化　　(図5－③)

メディアコマース

「メディア」	＋	「コマース」
媒　体	＋	ショップ(店)
読み物	＋	広　告
編集者	＋	コピーライター

メディアは「媒体」、コマースは「商取引」と訳しておきましょうか。あれっ？　コンテンツマーケティングと似た感じですね。たしかにそれの一種ですね。今流行の**「オウンドメディアマーケティング」**の延長線上の考え方かもしれません。まぁ名称や定義はどうでもいいのですが、つまりは、ウェブ上のメディアでモノやサービスを売ったり読み物を提供するサイトのこと。でも、読むコンテンツと売るコンテンツが「形式」的に共存しているだけではダメなんですね。そういうサイトならたくさんあるんです。

じゃ、どんなの？

また糸井重里さんの登場になってしまうんですが、氏が発行している「ほぼ日刊イトイ新聞」。通称「ほぼ日」ですね。その楽しいこと、奥の深いこと。「読む」「買う」だけじゃありません。観る、笑う、考える、勉強する、新しい発見をする、知らない世界を知る、人と出会う……。いろんな「刺激」を味わわせてくれる、「ほぼ日」のトップページはその入り口なんですね。

流行っているのは糸井さん自身が有名人だからだよ！という声もあるでしょう。たしかにそれもあるでしょう。しかし、もしもサイト内のコンテンツから糸井さんの存在をすべて消したとしても、コンテンツの一つ一つの面白さ、読むページと買うページの統一感

（感性的な）、サイト全体の雰囲気のコーディネート、そのメディアの作り方の妙が普通の「読み物サイト」とは違う。普通の「Ｅコマースサイト」と違う。他のサイトにはない独特の個性をまとっている。それが「メディアコマース」です。

糸井さんご自身はきっと、マーケティングだとかＥコマースだとか、そんなことは意識せずに、日々、情報を発信されているのだと思いますが、企画や商品を見ればその本気度が伝わってきます。だから読者も真剣に読む。もちろん「編集長」のセンスによって出来栄えは違ってきますが、コンセプトをしっかりと共有すれば、「カリスマ」がいなくても構造的にはメディアコマースは作れる！　これをうまく運営できれば、企業の宣伝（ＣＩ広告）も商品の販売（レスポンス広告）も両方できちゃう。リストの収集も囲い込みもできちゃう。しかも「広告費なし」で。もう究極の媒体じゃないですか！　どうですか？　やっとその気になりましたか？　よし、さっそく挑戦してみましょう！　じゃ、まず目をつむって「メディアコマース」を頭に浮かべながら、もういっぺん本書を最初から……

あとがき

最後まで読んでいただきありがとうございます。後半はネットの話が多くてカタカナが増えてしまいましたね。僕はどちらでもよい場合は日本語で書くので、「メディア」は「媒体」、「テキスト」は「文章」です。だからカタカナ語が一杯のページを見ると、自分の原稿でもいささかゲンナリします。

先日、居酒屋で職場の後輩に「何かつまみを頼もう！」と言ったら、「フードですね♪」と返されました。つまり、僕は「日本語派」で彼は「カタカナ派」と言えるのでしょうか。

だからといって、僕はアナログ人間で彼はデジタル人間だ、とは言いませんが、両者を知る人に聞けば10人が10人とも「そのとおり！」と声を揃えるでしょう。入社以来ずっと

ＩＴ畑を歩いている彼と、いまだに手書きの原稿をファックスでやり取りする僕には、それぞれ自他ともに認める習性の違いがあります。もちろん、それはある種の「個性」であり、優劣の問題ではありません。

僕と彼が同じウェブ媒体に携わり、コンテンツ作りとシステム運用を担当していた頃の話です。年齢が離れているけど、彼とは気が合い、よくお酒を飲みに行ったりするし仕事の話もたくさんする間柄。でも最初からそうだったわけではありません。以前、編集部とシステム部で分かれて仕事をしていた頃は、ミーティング中の会話は少なく、僕の指示には「了解です」か「ムリです」の、まさにシムテム屋さんらしい二進法の回答のみ。会話になりませんでした。社内ですれ違っても無駄話の一つもしない関係。ところがある時、社内体制の変更で、同じ空間の中で2人で同じ画面を見ながら作業をするようになると変わってきたのです。

僕が「このタイトル、一文字はみ出てるからもう少し字間を詰められない？」と聞くと、彼は「ツメるのはムリですけど、ここのテン（読点のこと）を取ったらどうですかね？」とアドバイスしてくれました。たしかに文章の少し前にも読点があり、取ったほうがよさそうです。「気がつかなかった！　そうしよう」と僕。続けて「これってパンくずって言うんだよね？　面白いよね」

するとと彼は、「なんでそう言うか知ってます？　ヘンゼルとグレーテルの物語からネーミングされたんですよ！」

僕「へぇ、それネタになるね！」

彼「へっ⁉　そんなのがネタになるなら、僕たくさん知ってますよ！」

……そんな日常が続く中、一ヶ月ほど経った頃でしょうか。彼が僕あてに1枚の紙をよこしました。そこには、IT系のこぼれ話的な項目が20余り並んでいました。ちゃんとタイトルまで付いています。聞けば、いざネタを探し始めてみると数を集めるのに意外に時間がかかった、とのこと。編集会議のたびに、僕が「企画としてまとめるには、ネタ数が足りない！」と騒ぎわめいているのをちゃんと聞いていたんですね。

こうして、デジ派&アナ派コンビによる共同企画（コンテンツ）は作成されました。部署や業務が違うと、互いの仕事の領域には踏み込まないという不文律がある中で、異者同士を混ぜたら良い意味で化学反応を起こした例です。

2人の「蜜月話」が長くなってしまいましたが、このエピソードを通して言いたかったのは、今後のコンテンツづくりには、これまで混じり合ってこなかった考え方や技術を融合させること。それを促す物理的な環境をつくることが必須なのだろうということです。特に「広告」と「編集」は、その筆頭に挙げられる概念と言えますが、これまでの両者はどういうわけか、あまり仲良くなかったような気がするのです——気のせいかな?

もう一つ、今後ますますメディアが多様化する中で、本書でも触れたオウンドメディア↓メディアコマース化の流れが確実に、そして急速に普及していくでしょう。今すぐに自社でメディアを持つべきだとまでは言いませんが、発信する種々のコンテンツをいちいち外注していたのでは、どんどんコストがかかって自社の首を絞める時代に…、いやその前に、企業が消費者たちに真に伝えたいコトバは、本来他力ではつくれないはず。自らのメッセージとして自力で直接語りかけるべき。少しでも情報づくりの内製化を目指そう!という企業が増えれば、「コンテンツマーケティング」が、もっと身近でわかりやすいものになると思うのですが…。このことについては、いずれまた別の機会を通じて著すことができたらと思います。

本書「売れるボディコピー」は、数年前、1年間にわたって掲載された宣伝会議のウェブマガジン「AdverTimes(アドタイ)」の連載が素になっています。当時、コラムを担当してくださった浦野さまを始め、書籍化を引き継いでくださった歴々のご担当者さま方、いつまでもPC操作がおぼつかない僕を横で支えてくださっている講義担当の皆さま方、そして最後まで締め切りに向けて僕のお尻を叩いてくださった松本さま、その松本さまの背中を押してくださった立岡さま…、デザイナーさま、イラストレーターさま、さらに添削前とリライト後の貴重な作品を提供してくださった受講生の皆さま、本当にありがとうございました。また、筆が捗るようにと専用箋を作ってくださったKさまにも、この場を借りて感謝の意をお伝え申し上げます。

向田裕（むこうだ ゆたか）

通販クリエイティブディレクター／コピーライター。1990年に総合通信販売会社カタログハウス入社。同社発行『通販生活』の商品ページの企画・商品コピーを担当。95年より読み物ページも兼務。主な企画に「筒井康隆さん、断筆をやめて通販生活に小説を書いてください」（読物記事＆CM連動企画）。98年よりテレビコマーシャル制作を兼務、「じゃぁ、どんな生活がいいの?」「ブッシュ大統領そっくりさんCM」「読者投稿によるCM大賞作」「通販生活の著名人シリーズ」などの企画に携わる。2003年『ピカイチ事典』リニューアルに伴いピカイチ商品開発チームに参加。2005年より「ネット編集部」編集長。2011年より広告企画室ゼネラルマネージャー。2014年独立後、通販メディア各種制作、コンサルティングの分野で活動。宣伝会議「コピーライター養成講座 ボディコピー特訓コース」講師。

宣伝会議 の書籍

最も伝わる言葉を選び抜く コピーライターの思考法
中村禎 著

「たくさん書けても、いいコピーを選べなければしょうがない」――コトバを「書き出し」「選び抜く」コピーライターの方法論とは? ありそうでなかった、まったく新しい視点のコピー本。

■本体1700円+税 ISBN 978-4-88335-390-0

急いでデジタルクリエイティブの本当の話をします。
小霜和也 著

しっかり練られた戦略とメディアプランがあれば、デジタル広告は6番目のマス広告になり得ます。VAIO、ヘルシア、カーセンサーのデジタル施策を成功に導いた著者が、Web広告の本質を〝急いで〟ひも解きます。

■本体1800円+税 ISBN 978-4-88335-405-4

逆境を「アイデア」に変える企画術 崖っぷちからV字回復するための40の公式
河西智彦 著

逆境や制約こそ、最強のアイデアが生まれるチャンスです。関西の老舗遊園地「ひらかたパーク」をV字回復させた著者が、予算・時間・人手がない中で結果を出すための企画術を40の公式として紹介。発想力に磨きをかけたい人、必見。

■本体1800円+税 ISBN 978-4-88335-403-0

広告コピーってこう書くんだ!読本
谷山雅計 著

新潮文庫「Yonda?」、「日テレ営業中」などの名コピーを生み出した、コピーライター谷山雅計。20年以上実践してきた〝発想体質〟になるための31のトレーニング法を紹介。宣伝会議のロングセラー。

■本体1800円+税 ISBN 978-4-88335-179-4

詳しい内容についてはホームページをご覧ください　www.sendenkaigi.com

宣伝会議　実践と応用シリーズ

サスティナブル・カンパニー
「ずーっと」栄える会社の事業構想

水尾順一 著

従業員、顧客、取引先、地域社会…、それぞれの満足を高めながら発展する会社を「サスティナブル・カンパニー」と定義。企業が社会の役に立つ存在になるために重要な「事業構想」について解説した〈経営の教科書〉。

■本体1500円＋税　ISBN 978-4-88335-368-2

生活者視点で変わる小売業の未来
希望が買う気を呼び起こす商圏マネジメントの重要性

上田隆穂 著

流通小売業の大きな変化を「生活者の視点」で見直すとどうなるか。さまざまな実証実験から導き出されたデータをもとに、買い物需要を刺激し、「希望活性化」を実践する売り場を考察。小売業のあり方とその未来形を提示する。

■本体1500円＋税　ISBN 978-4-88335-367-5

拡張するテレビ
広告と動画とコンテンツビジネスの未来

境治 著

テレビという概念が拡張した時代、コンテンツビジネスはどうなるのか？　テレビ周辺の新しいビジネスの状況を整理した末に見えてきた、新しい時代の広告、動画、コンテンツビジネスのあり方とは？

■本体1500円＋税　ISBN 978-4-88335-366-8

CMを科学する
「視聴質」で知るCMの本当の効果とデジタルの組み合わせ方

横山隆治 著

最先端のテクノロジーでテレビ視聴の実態に迫り、曖昧だったテレビCMの効果効率を科学的に分析。真のデジタルマーケティングに必要なデータ、動画コンテンツ、また、将来的なテレビCMのあり方について論じた一冊。

■本体1500円＋税　ISBN 978-4-88335-364-4

詳しい内容についてはホームページをご覧ください　www.sendenkaigi.com

【実践と応用シリーズ】

売れるボディコピー

編集者の視点で磨く説得術

発行日　　2018年　3月20日　初版

著者　　向田 裕
発行者　　東 彦弥
発行所　　株式会社宣伝会議
〒107-8550　東京都港区南青山3-11-13
tel.03-3475-3010（代表）
http://www.sendenkaigi.com/

印刷・製本　　中央精版印刷株式会社
装丁デザイン　　有限会社 風工舎

ISBN 978-4-88335-399-6　C2063
©Yutaka Mukouda 2018
Printed in Japan

無断転載禁止。乱丁・落丁本はお取り替えいたします。